Francisco J. Uriz

ESPAÑA CUENTA

EDELSA / EDI 6
Colección LEER
ES FIESTA

Diseño de colección y cubierta TD GUACH
Fotocomposición GRAMMA

General Oraa, 32
28016 Madrid
I.S.B.N. 84-7711-056-5
Depósito legal: M-33203-1990
Talleres Gráficos Peñalara

La serie «Leer es fiesta» presenta textos literarios originales, autónomos, sin oque, de grandes autores, accesibles a alumnos que estudien el bachillerato su equivalente y a los que quieran profundizar sus conocimientos de español.

Con ella queremos introduciros en el mundo de la literatura por medio de xtos escritos no especialmente para vosotros sino para los nativos.

Intentamos daros, pensando en vuestro nivel de conocimientos, una idea de s posibilidades expresivas del *español de verdad*, tan alejado del idioma scafeinado que os dan los libros de principiantes, por otra parte, prescindibles. Se basa en la convicción de que la literatura es un dispensable complemento a los libros de principiantes que se escriben slayando dificultades. La literatura es la máxima cima que se puede alcanzar n un idioma —aquí evidentemente no estamos hablando del Everest sino tal z de la colina del pueblo o, todo lo más, de la sierra de Gredos.

Por eso creemos que es muy importante que los leáis, aunque no los entendáis cien por cien, buscando, además de una ampliación del vocabulario y una rmación de la sintaxis, las sensaciones que transmite la buena literatura. Y peramos que ello os lleve a buscar más literatura y a profundizar en el nocimiento del castellano y en el placer de la lectura.

En este volumen, «España cuenta», os presentamos obras de autores portantes que os proporcionarán conocimientos de la mentalidad o stumbres de los españoles.

Empezamos con la construcción sencilla y la ingenuidad narrativa de unos entos tradicionales recogidos en cuidadas versiones por Antonio Rodríguez modóvar y uno de Ana María Matute sobre el mundo de los niños y los cuentos.

A continuación hay una serie de relatos de grandes humoristas españoles los años 30 que aún mantienen su frescura y su fantasía.

También encontraréis cuentos de escritores ya clásicos como Camilo José ela, Premio Nobel de 1989, y Miguel Delibes, un gran novelista, uno de cuyos xtos es el único sacado de una narración más larga. O de otros más jóvenes, mo Manuel Vicent y Javier Tomeo.

Junto a los autores consagrados hemos incluido cuentos de escritores casi sconocidos fuera de su ciudad natal, como Javier Delgado.

En dos casos, el de Bernardo Atxaga y el de Manuel Rivas, he utilizado aducciones, del vasco y del gallego, respectivamente. Por varias razones: los ros habían sido premio Nacional de Literatura uno y el otro de la Crítica, y, bre todo, porque estaban hechas por los propios autores.

Y terminamos con una narración de Juan Benet, uno de los escritores m experimentales de la literatura española y un texto de Jardiel Poncela, mode de narración impresionista, que consigue dar la idea de la tensión y ritr frenético de la ciudad de Nueva York.

La gradación de dificultades de los cuentos se puede ver en el sumario. H señalados tres niveles, con las limitaciones que presenta este tipo clasificación —mucho menos exacta que la de la liga de fútbol.

El buen juicio del profesor y su conocimiento directo de la clase será el q adecue los niveles y permita darle a cada alumno lo que pueda serle m interesante, individualizando de una manera sugerente la enseñanza c castellano y la literatura.

Espero que el interés por saber qué pasa os haga leer atentamente vocabulario y las notas, pero también que dejéis correr vuestra imaginaci saltando las dificultades lingüísticas para que gocéis de la lectura de los text y que viváis la fiesta del leer. Y es que,... LEER ES FIESTA.

A Pilar Jiménez, mi editora, entre el anochecer y la esperanza, hada madri de esta serie, que con la varita mágica de su trabajo y entusiasmo convie en libro cualquier cosa, las más efusivas gracias por todo lo que ha hecho la confección de este libro.

ÍNDICE

Antonio Rodríguez Almodóvar, en sus Cuentos al amor de la lumbre, ha reunido una excelente colección de narraciones tradicionales españolas.

YO DOS Y TÚ UNO

Dicen que era un matrimonio que no tenía familia. Ya llevaban muchos años de casados. Una noche se pusieron a cenar y, como siempre, preparó ella tres huevos pasados por agua: uno para ella y dos para su marido. Pero aquella noche no sé qué bicho le picó a la mujer, que dice:

— Mira, ya estoy harta de que todas las noches te comas tú dos huevos y yo uno. Esta noche va a ser al revés: tú uno y yo dos.

— Ni hablar. Yo dos y tú uno. Como siempre.

— ¿Y eso por qué?

— Porque lo digo yo y en la casa la autoridad la tiene el marido.

— Pues ni hablar. Esta noche, tú uno y yo dos.

— Que no.

— Que sí.

Bueno, pues estuvieron discutiendo un rato y ninguno daba su brazo a torcer. Ya cansado el marido, dice:

— Como insistas, me muero.

— Pues muérete.

Entonces él se hizo el muerto y la mujer salió a la calle gritando:

— ¡Ay, que mi maridito se ha muerto! ¡Ay, que se me ha muerto!

Vino el cura y le prepararon el entierro. Ya lo llevaban para el cementerio, y la mujer se acercaba a las andas, diciendo:

— ¡Dejadme que lo bese por última vez!

Y con este pretexto se le acercaba a la cara y le decía al oído:

— Tú uno y yo dos.

Y contestaba el otro muy bajito:

— Yo dos y tú uno.

Y el entierro seguía. Ya llegaban al cementerio y otra vez se acercaba ella:

— Mira que voy a dejar que te entierren.

Y el otro:

— La autoridad es la autoridad: yo dos y tú uno.

Conque llegaron al cementerio. Lo bajan de las andas y ya van a ponerlo en la sepultura. Otra vez ella, gritando, se le echa encima y le dice al oído:

— Por última vez. Tú uno y yo dos.

— Ni hablar. Que me entierren.

Y como ya lo iban bajando, dice ella.

— ¡Está bien, cómete los tres, pedazo de animal!

Y entonces él se incorporó de un salto y gritó también:

— ¡Que me como tres, que me como tres!

La gente, que no sabía lo que estaba pasando, echó a correr atemorizada, y un cojo que iba en la comitiva decía:

— ¡No corráis tanto, hombre, por lo menos que pueda escoger!

escoger - auswählen
echar - werfen
" a - anfangen

En torno al texto

— Rescribe este cuento en narración seguida, sin diálogo.

— Historias de malentendidos, como el del final de este cuento, las hay en el folklore de todas las naciones. Recuerda una y nárrala por escrito, en forma dialogada a imitación de ésta.

EL PASTOR, LA SERPIENTE Y LA ZORRA

Iba un pastor con sus ovejas por el monte, cuando oyó una voz por entre unas piedras, que le decía:

— ¡Pastor, pastorcito, sácame de aquí!

— ¿Quién eres? —preguntó el pastor.

— Soy una culebra, que me entré aquí cuando era pequeña, y he engordado tanto, que ahora no puedo salir si alguien no quita algunas piedras que tapan la entrada.

— No me atrevo —dijo el pastor—. Porque, si eres tan grande, igual te da por comerme cuando estés fuera.

— Te prometo que no lo haré. Por favor, sácame de aquí.

El pastor se dejó convencer y removió unas cuantas piedras. Enseguida salió una culebra grandísima, que le dijo:

— Pues ahora te voy a comer.

— ¡Cómo! Me habías prometido...

— Nada, nada, voy a comerte, porque tengo un hambre que me muero.

— Eso no vale —dijo el pastor—. Te propongo que consultemos a los tres primeros animales que pasen por aquí. A ver si es justo o no es justo lo que piensas hacerme. Y si ellos deciden que me comas, ni siquiera me defenderé.

— Está bien. Como estoy segura de que voy a ganar, no me importa —contestó la culebra.

El primer animal que pasó fue un burro viejo y abandonado. Le llamaron y le contaron el caso. El burro sentenció:

— Tiene razón la culebra.

— ¿Por qué? —preguntó el pastor.

— Porque el hombre es un desagradecido y porque el hambre es la primera ley de todas. Yo me he pasado la vida dándole buenos servicios a mi amo, y ahora que no puedo con la carga, me echa al monte a que me coman los lobos.

Pasó poco después un galgo canijo y achacoso. Lo llamaron y le expusieron el caso. Y el galgo sentenció.

— Tiene razón la culebra.

— ¿Y por qué? —preguntó el pastor.

— Yo he sido un galgo que les he llevado muchísima caza a mis amos. Y ahora que no puedo ni con mi alma, me dejan a mi suerte, a que me muera de hambre.

— Bueno, pues ya he ganado —dijo la culebra—. Como sólo falta una opinión, aunque sea contraria, gano.

En esto que apareció por allí la zorra. Y dice el hombre:

— No importa. Consultémosle a la zorra, aunque sólo sea por amor propio.

Llamó a la zorra y le expuso el caso. La zorra se quedó muy pensativa y al cabo de un rato dice:

— Es un caso verdaderamente difícil. Y no podré decidir si no me hago cargo de la situación desde el principio. A ver, vamos a reconstruir los hechos. ¿Dónde está la cueva y dónde están las piedras?

La condujeron adonde el pastor se había encontrado con la culebra, y dice:

— A ver, culebra, métete otra vez en la cueva, que yo vea cómo estaba exactamente.

Se metió la culebra en la cueva y la taparon otra vez con piedras. Entonces le dice la zorra al pastor:

— Ahora déjala que se muera de hambre, que de desagradecidos está el mundo lleno.

— ¡Caramba, zorrita, de buena me has librado! —dijo el pastor muy contento—. ¿Cómo quieres que te recompense?

— ¿No tendrás algún corderillo por ahí?

— No un corderillo, sino un carnero te voy a dar. Espérate aquí, que vuelvo en seguida.

Fue el pastor al redil, y cogió un saco, pero, en vez de meter un carnero, como había prometido, metió un perrazo que tenía. Luego volvió adonde estaba la zorra y le dijo:

— Ahí lo tienes.

— ¿No me engañarás? —preguntó la zorra.

— ¿Cómo iba a hacer yo eso, después de que me has salvado la vida? —contestó el pastor.

La zorra se echó el saco a cuestas, y se marchó. Ya bien metida en el monte, y cuando estaba cerca de su cueva, que quedaba en lo más alto, dice:

— Voy a abrir el saco, a ver qué es lo que hay.

Lo abrió con mucho cuidado, y en seguida vio que era un perro enorme, por lo que le dio tiempo de echar a correr. Y mientras corría iba diciendo:

—Arriba zancas,
que en este puñetero mundo
no hay más que trampas.

En torno al texto

— ¿Te parece que la actuación final del pastor con la zorra está de acuerdo con la del principio con la culebra? ¿Por qué puedes justificar el cambio?

Ana María Matute nació en 1926 en Barcelona (España). Novelista y autora de libros para niños. Ha obtenido los premios literarios más importantes de España.

LOS CUENTOS, VAGABUNDOS

Pocas cosas existen tan cargadas de magia como las palabras de un cuento. Ese cuento breve, lleno de sugerencias, dueño de un extraño poder que arrebata y pone alas hacia mundos donde no existen ni el suelo ni el cielo. Los cuentos representan uno de los aspectos más inolvidables e intensos de la primera infancia. Todos los niños del mundo han escuchado cuentos. Ese cuento que no debe escribirse y lleva de voz en voz paisajes y figuras, movidos más por la imaginación del oyente que por la palabra del narrador.

He llegado a creer que solamente existen media docena de cuentos. Pero los cuentos son viajeros impenitentes. Las alas de los cuentos van más allá y más rápido de lo que lógicamente pueda creerse. Son los pueblos, las aldeas, los que reciben a los cuentos. Por la noche, suavemente, y en invierno. Son como el viento que se filtra, gimiendo, por las rendijas de las puertas. Que se cuela, hasta los huesos, con un estremecimiento sutil y hondo. Hay, incluso, ciertos cuentos que casi obligan a abrigarse más, a arrebujarse junto al fuego, con las manos escondidas y los ojos cerrados.

Los pueblos, digo, los reciben de noche. Desde hace miles de años que llegan a través de las montañas, y duermen en las casas, en los rincones del granero, en el fuego. De paso, como peregrinos. Por eso son los viejos, desvelados y nostálgicos, quienes los cuentan.

Los cuentos son renegados, vagabundos, con algo de la

inconsciencia y crueldad infantil, con algo de su misterio. Hacen llorar o reír, se olvidan de donde nacieron, se adaptan a los trajes y a las costumbres de allí donde los reciben. Sí, realmente, no hay más de media docena de cuentos. Pero ¡cuántos hijos van dejándose por el camino!

Mi abuela me contaba, cuando yo era pequeña, la historia de la *Niña de Nieve*. Esta niña de nieve, en sus labios, quedaba irremisiblemente emplazada en aquel paisaje de nuestras montañas, en una alta sierra de la vieja Castilla. Los campesinos del cuento eran para mí una pareja de labradores de tez oscura y áspera, de lacónicas palabras y mirada perdida, como yo los había visto en nuestra tierra. Un día el campesino de este cuento vio nevar. Yo veía entonces, con sus ojos, un invierno serrano, con esqueletos negros de árboles cubiertos de humedad, con centelleo de estrellas. Veía largos caminos, montaña arriba, y aquel cielo gris, con sus largas nubes, que tenían un relieve de piedras. El hombre del cuento, que vio nevar, estaba muy triste porque no tenía hijos. Salió a la nieve, y, con ella, hizo una niña. Su mujer le miraba desde la ventana. Mi abuela explicaba: «No le salieron muy bien los pies. Entró en la casa y su mujer le trajo una sartén. Así, los moldearon lo mejor que pudieron». La imagen no puede ser más confusa. Sin embargo, para mí, en aquel tiempo, nada había más natural. Yo veía perfectamente a la mujer, que traía una sartén, negra como el hollín. Sobre ella, la nieve de la niña resaltaba blanca, viva. Y yo seguía viendo, claramente, cómo el hombre moldeaba los pequeños pies. «La niña empezó entonces a hablar», continuaba mi abuela. Aquí se obraba el milagro del cuento. Su magia inundaba el corazón con una lluvia dulce, punzante. Y empezaba a temblar un mundo nuevo e inquieto. Era también tan natural que la niña de nieve empezase a hablar... En labios de mi abuela, dentro del cuento y del paisaje, no podía ser de otro modo. Mi abuela decía, luego, que la niña de nieve creció hasta los siete años. Pero llegó la noche de San Juan. En el cuento, la noche de San Juan tiene un olor, una temperatura y una luz que no existen en la realidad. La noche de San Juan es una noche exclusivamente para los cuentos. En el que ahora me ocupa también hubo hogueras, como es de rigor. Y mi abuela me decía: «Todos los niños saltaban por encima del fuego, pero la niña de nieve tenía miedo. Al fin, tanto se burlaron de ella, que se decidió. Y entonces, ¿sabes qué es lo que le pasó a la niña de nieve?» Sí, yo lo imaginaba bien. La veía volverse blanda, hasta derretirse. Desaparecía para siempre. «¿Y no apagaba el fuego?», preguntaba yo, con un vago deseo. ¡Ah!, pero eso mi abuela no lo sabía. Sólo sabía que los viejos campesinos lloraron mucho la pérdida de su niña.

No hace mucho tiempo me enteré de que el cuento de la *Niña de Nieve*, que mi abuela recogiera de labios de la suya, era en realidad una antigua leyenda ucraniana. Pero ¡qué diferente, en labios de mi abuela, a como la leí! La niña de nieve atravesó montañas y ríos, calzó altas botas de fieltro, zuecos, fue descalza o con abarcas, vistió falda roja o blanca, fue rubia o de cabello negro, se adornó con monedas de oro o botones de cobre, y llegó a mí, siendo niña, con justillo negro y rodetes de trenza arrollados a los lados de la cabeza. La niña de nieve se iría luego, digo yo, como esos pájaros que buscan eternamente, en los cuentos, los fabulosos países donde brilla siempre el sol. Y allí, en vez de fundirse y desaparecer, seguirá viva y helada, con otro vestido, otra lengua, convirtiéndola en agua todos los días sobre ese fuego que, bien sea en un bosque, bien en un hogar cualquiera, está encendiéndose todos los días para ella. El cuento de la niña de nieve, como el cuento del hermano bueno y el hermano malo, como el del avaro y el del tercer hijo tonto, como el de la madrastra y el hada buena, viajará todos los días y a través de todas las tierras. Allí, a la aldea donde no se conocía el tren, llegó el cuento, caminando: El cuento es astuto. Se filtra en el vino, en las lenguas de las viejas, en las historias de los santos. Se vuelve melodía torpe, en la garganta de un caminante que bebe en la taberna y toca la bandurria. Se esconde en las calumnias, en los cruces de los caminos, en los cementerios, en la oscuridad de los pajares. El cuento se va, pero deja sus huellas. Y aun las arrastra por el camino, como van ladrando los perros tras los carros, carretera adelante. El cuento llega y se marcha por la noche, llevándose debajo de las alas la rara zozobra de los niños. A escondidas, pegándose al frío y a las cunetas, va huyendo. A veces pícaro, o inocente, o cruel. O alegre, o triste. Siempre, robando una nostalgia, con su viejo corazón de vagabundo.

En torno al texto

— Recuerda tú también un cuento vagabundo que sepas que existe en tu país y en otro: cuéntalo señalando las diferencias.

Pi y Arsuaga nació en Madrid (España) en 1866 y murió en 1912. Político republicano e historiador, escribió cuentos. Hijo del famoso político del siglo pasado, Pi y Margall.

EL CUERVO

Detuvo su vuelo el cuervo, y dijo al ver sobre el terruño a un hombre que lo trabajaba:

— ¡Miren cómo labra Juan sus tierras!

— No soy Juan -exclamó el hombre, levantando la cabeza—; soy el hijo de Juan, que trabaja para vivir miserablemente y pagar por segunda vez al señor el valor de sus tierras.

Siguió volando el cuervo, y más allá vio, jinete en un caballo, a un caballero.

— Vaya con Dios, don Gil —le dijo.

— No soy don Gil —contestó el caballero—; soy el hijo de don Gil, que viene a cobrar del hijo de Juan el valor de sus tierras por segunda vez.

Pasó mucho tiempo.

El cuervo detuvo su vuelo, y dijo al ver a un hombre que sudaba sobre el terruño:

— ¡Miren cómo trabaja el hijo de Juan sus tierras!

— No soy el hijo de Juan —respondió el hombre, limpiándose el sudor de la frente—, sino uno de sus nietos que trabaja para vivir miserablemente y pagar por cuarta vez al señor el valor de sus tierras.

Siguió volando el cuervo, y encontró más allá, jinete en un caballo, a un caballero.

— Vaya con Dios el hijo de don Gil —le dijo.

— No soy el hijo de don Gil —contestó el caballero—, sino su nieto, que viene a cobrar del nieto de Juan el valor de sus tierras por cuarta vez.

Pasó mucho tiempo.

El cuervo detuvo su vuelo y dijo, viendo a un hombre que trabajaba sobre el terruño.

— ¡Miren al nieto de Juan cómo labra sus tierras!

— No soy el nieto de Juan —respondió el hombre—, sino uno de sus biznietos que trabaja para vivir miserablemente y pagar por sexta vez al señor el valor de sus tierras.

Siguió volando el cuervo, y encontró más allá, jinete en un caballo, a un caballero.

— Vaya con Dios el nieto de don Gil —le dijo.

— No soy el nieto de don Gil —contestó el caballero—, sino su biznieto, que viene a cobrar del biznieto de Juan el valor de sus tierras por sexta vez.

Pasó un siglo más.

El cuervo detuvo su vuelo, y dijo viendo a un hombre que, rota la azada, lloraba cerca del terruño:

—¿Por qué llora el biznieto de Juan?

— No soy el biznieto de Juan —repuso el hombre—, soy uno de los nietos del biznieto de Juan, y el señor me ha arrojado del terruño que labraron mis antepasados porque no he podido pagarle por la centésima vez el valor de sus tierras.

Siguió volando el cuervo, y encontró más allá, jinete en un caballo,a un caballero.

— ¿Dónde va tan de prisa el biznieto de don Gil? —le dijo.

— No soy el biznieto de don Gil —contestó el caballero—: soy un nieto del biznieto de don Gil, que viene a buscar otro Juan que pague con su descendencia, a mí y a los míos otras cien veces el valor de las tierras de mis antepasados.

El cuervo se alejó, y dijo graznando:

— Soy más feliz que los Juanes, porque puedo posarme libremente en la rama que se me antoja. Soy más noble que los Giles, porque no arranco los ojos de los hombres hasta que están ya muertos.

En torno al texto

— Una de las formas típicas del cuento es el uso de las repeticiones de elementos con ligeras variantes. Compruébalo en éste y extrae esas variantes.

Julio Camba nació en Villanueva de Arosa (Galicia. España) en 1884 y murió en Madrid en 1962. Gran periodista, viajero y gastrónomo, es uno de los grandes humoristas españoles contemporáneos.

SOBRE LOS HÉROES

Indudablemente, hay heroísmos de todas clases. Un día, paseándose en Londres, a orillas del Támesis, un español, a quien yo tuve el gusto de conocer después, vio una figura humana que se ahogaba, chapoteando con desesperación en medio de la corriente. No había tiempo que perder, y ante la conciencia del español surgió de pronto el ejemplo confuso de unos héroes que, en circunstancias análogas a la suya, se despojaban de la chaqueta y se arrojaban al agua. ¿Que qué héroes eran éstos? ¿Y qué héroes quieren ustedes que fuesen sino héroes de folletín? Según todas las probabilidades, nuestro compatriota había sido objeto de un curioso fenómeno literario, en virtud del cual, de los mil o dos mil personajes novelescos que uno ha conocido, olvida instantáneamente a la inmensa mayoría para acordarse tan sólo de aquellos que cultivaban una misma especialidad. La especialidad, en el caso concreto de que me ocupo, era el salvamento de náufragos, y, como los salvadores de náufragos, el español se quitó la americana y, ¡zas!, se fue al agua de cabeza.

Pero en cuanto cayó sobre la fría superficie, mi amigo se encontró frente a frente con un problema bastante arduo. El gran hombre, en efecto, no sabía nadar; y esto, que no le hubiera impedido nunca ser un héroe en un incendio, en una reyerta callejera o ante unos caballos desbocados, dificultaba, por modo considerable, su labor de héroe de río. Lejos de salvar a nadie, mi amigo comenzaba a ahogarse a su vez, cuando acertó a pasar por allí un *policeman* que contempló la escena. ¿Había leído el *policeman* muchos folletines? ¿Tenía, también, un sentido heroico de la vida? Lo más verosímil es que el acto de ahogarse le pareciese un acto irregular, que no se debe permitir en ciudad tan seria como Londres, y, fiel cumplidor de su deber, se lanzó en pos de los náufragos como hubiera podido lanzarse tras un par de delincuentes. Por fortuna, el celoso *policeman* era un hábil nadador, que si no, ¡quién sabe lo que hubiese ocurrido aquel día en el Támesis histórico! Para socorrer al *policeman* no hubiese faltado otra alma generosa en otro cuerpo que quizás careciese también del entrenamiento debido, y los náufragos serían entonces cuatro. Y si un naúfrago hace cuatro, ¿qué razón hay para que cuatro no hagan doce y para que doce no hagan treinta y seis? Medio Londres hubiera podido perecer en aquella ocasión si el *policeman* no supiese nadar; pero, como digo, se trataba de un hombre experto en las artes natatorias, y mi amigo, el heroico salvador, fue salvado heroicamente, en compañía del náufrago primero.

Y aquí viene lo de las diferentes clases de heroísmo. ¿Creerán ustedes que mi amigo reconoció su fracaso como héroe? Lejos de ello; revolvió a Roma con Santiago para disputarle al *policeman* un reloj de cinco chelines, premio al mérito, en el que aparecían grabadas dos anclas unidas por un salvavidas.

— ¿Pero usted sabe nadar? —le decía el *policeman*.

— No.

— Y entonces, ¿qué clase de héroe salvador de náufragos es usted?

— ¡Hombre! —contestaba mi amigo—. Si yo supiese nadar, no necesitaría heroísmo ninguno para salvar a un hombre que se ahoga.

Y la discusión terminó con un dictamen en el que se le reconocía a nuestro compatriota la calidad de héroe, pero manifestando que como su heroísmo no coincidía con el fin de la Sociedad que otorgaba el premio, es decir, con el salvamento de las personas que se ahogan, sino que tendía más bien a aumentar el número de éstas, la Sociedad, enemiga de los héroes inútiles, y mucho más aún de los perjudiciales, acordaba, por unanimidad, concederle el reloj al *policeman*.

— ¡Héroes inútiles! ¡Héroes perjudiciales! Y todo esto —exclamaba mi amigo— por un reloj de cinco chelines.

Verdaderamente, habrá que ver lo que afinen fuera de España cuando se trate de recompensas más altas.

En torno al texto

— ¿Crees que es correcta la interpretación de heroísmo que da este audaz español?

Ramón Gómez de la Serna nació en Madrid (España) en 1888 y vivió desde 1936 en Buenos Aires donde murió en 1963. Es uno de los grandes escritores vanguardistas españoles. Fue un gran periodista y ha escrito novelas, cuentos, ensayos históricos, etc. Inventó las greguerías, que son metáforas, poemas o pensamientos sorprendentes, brevísimos y llenos de humor. El las definió así: «Metáfora+Humor=Greguería».

EL LEÓN ESCAPADO

Estaba Ramoncito en el Parque Zoológico con su doncella Luisa, cuando se escapó de su jaula el león del Sahara.

Fue un momento de pánico indescriptible. Todos corrían a refugiarse no se sabía dónde, y caían en poder del león, que se los engullía, escupiendo los relojes de bolsillo, los llaveros y las plumas estilográficas como quien escupe los huesos de las aceitunas o las raspas del pescado.

— ¡Cierren, cierren las puertas! —gritó el director del Parque, atemorizado de que su responsabilidad fuese mayor, y el león, saliendo a la ciudad, se comiese al Rey y al presidente del Consejo de Ministros.

En el miedo que produce el que el león se haya escapado, se llega a creer que puede comerse a la ciudad entera, como si su apetito fuese insaciable y tuviese disponibles varios kilómetros de tripa.

Ramoncito, subido a un árbol, presenció la primera parte de la aventura, y vio cómo el instinto de conservación de las amas les hacía arrojar al león los mamoncillos; y vio los sustos de esos mentores que toman el Jardín Zoológico por un sitio de lectura, mientras pasean en silencio a los niños que llevan cogidos de la mano.

El león, realmente, era insaciable, y sólo por los objetos duros que arrojaba, a medida que se comía sus presas, se podrían identificar todos los cadáveres.

¡Cuántos sombreros, bastones y paraguas por el suelo!...

Ramoncito se rió de buena gana, no pudo menos de reírse, cuando el león se dirigía por detrás a esos señores que están molestando a un ave o a un simio, espantándole, tirándole de la cola, dándole a comer la punta del bastón, y ¡zas! un zarpazo; ¡zas!, otro y ¡zas!, el de gracia y ¡gua!, adentro, a la pandorga del león, como quien se zampa una figurita de mazapán.

El león se sentía dueño del Parque y comenzó a matar gallinas, y no pudo comerse a los patos porque todos se metieron debajo del agua, aprovechando su condición de anfibios.

Ramoncito, acurrucado en lo alto de un árbol, vio cómo el león exterminador comenzó a subirse a los árboles con agilidad de gato, resultando un mito eso de que la salvación más segura es subirse a un árbol.

Entonces se le ocurrió la idea genial: «Si se había escapado de su jaula, su jaula estaría vacía y entreabierta». Y bajándose del árbol, corrió hacia la jaula del león, que, en efecto, estaba solitaria y entornada. Entró en ella y corrió el enorme cerrojo, sentándose, al fin, tranquilo en la piedra para el agua. El león llegó poco después olfateando su presa; pero se encontró con la terrible verja, a la que se abalanzó como cuando le daban la comida por las tardes, sino que ahora por el lado contrario.

Ramoncito, desde muy adentro, le hacía burla, y el león rugía, como diciéndole:

— ¡Fuera de mi casa!... ¿No ves que pone «León del Sahara» en la puerta? ¡Huuu...!

Y allí se estuvo hasta que le mataron, apuntándole desde el tejado, y una entusiasta multitud entró a libertar a Ramoncito, el único superviviente de los que habían estado en el Parque aquella mañana resultando el acto de sacarle de la jaula como una especie de desencantamiento, como si el «león del Sahara» que rezaba el cartel se hubiese convertido en un niño.

En torno al texto

— En calidad de periodista vas a hacer un reportaje en el zoo y presencias estas escenas; descríbelas.

Ramón GÓMEZ DE LA SERNA

LA MANO

El doctor Alejo murió asesinado. Indudablemente murió estrangulado.

Nadie había entrado en la casa, indudablemente nadie, y aunque el doctor dormía con el balcón abierto, por higiene, era tan alto su piso que no era de suponer que por allí hubiese entrado el asesino.

La policía no encontraba la pista de aquel crimen, y ya iba a abandonar el asunto, cuando la esposa y la criada del muerto acudieron despavoridas a la Jefatura. Saltando de lo alto de un armario había caído sobre la mesa, las había «mirado», las había «visto», y después había huido por la habitación, una mano solitaria y viva como una araña. Allí la habían dejado encerrada con llave en el cuarto.

Llena de terror, acudió la policía y el juez. Era su deber. Trabajo les costó cazar la mano, pero la cazaron y todos le agarraron un dedo, porque era vigorosa como si en ella radicase junta toda la fuerza de un hombre fuerte.

¿Qué hacer con ella? ¿Qué luz iba a arrojar sobre el suceso? ¿Cómo sentenciarla? ¿De quién era aquella mano?

Después de una larga pausa, el juez se le ocurrió darle la pluma para que declarase por escrito. La mano entonces escribió: «Soy la mano de Ramiro Ruiz, asesinado vilmente por el doctor en el hospital y destrozado con ensañamiento en la sala de disección. He hecho justicia».

En torno al texto

— Rasgos del cuento que nos hacen sentir a la mano como si de una persona se tratara.

Ramón GÓMEZ DE LA SERNA

POR FIN EL CRIMEN PERFECTO

No soñaba más que con el crimen perfecto, un crimen que no se supiese cómo se había realizado ni quién había podido ser su autor.

Había leído todas las novelas en las que se planteaba esa posibilidad y había asistido a las películas en que la preparación de un buen crimen vale un millón de dólares.

No deseaba otra cosa que dejar a la humanidad consternada con el crimen sin posibilidad de solución ni pesquisa.

Se reía de Poe, que necesitaba, para fabricar un crimen casi perfecto, un orangután que se ha escapado con la navaja de afeitar de un marinero.

Un día tuvo la idea genial del crimen perfecto. Eligió una casa misteriosa y puso su alcoba en la habitación con ventana de reja y puerta dotada de buena llave y eficaz cerrojo.

Primero sacó dinero del banco y destruyó ese dinero meticulosamente y sin dejar rastro alguno. En la noche del crimen revolvió sus cajones, dejando fuera y a medio asomar ropas y corbatas.

Tiró su cartera vacía en el suelo y sin ser zurdo se infirió con la mano izquierda una fuerte puñalada en la espalda. Después, en decúbito sobre la cama y con un botón en la mano derecha como si en la lucha se lo hubiera arrancado al asesino se fue desangrando y se murió.

El crimen resultó enrevesado y nadie comprendió jamás por dónde había entrado y salido el asesino, ¡pero también fue gracioso que para cometer el crimen perfecto su autor tuviese que *asesinarse!*

En torno al texto

— Te ha correspondido seguir el caso y elaboras un informe describiendo el escenario del crimen y detalles que crees importantes para la investigación.

Enrique Jardiel Poncela nació en Madrid (España) en 1901 y murió en 1952. Uno de los renovadores del humor español en los años 30, novelista, cuentista y gran autor teatral.

LOS VECINOS DEL PRINCIPAL DERECHA

Al llegar a mi patria, de regreso de la Argentina, hice lo que suele hacer todo el que se encuentra en mi caso: me instalé en un hotel y me dediqué a buscar un piso desalquilado.

Para un hombre con dinero, encontrar un piso desalquilado es cosa fácil. Yo traía mucho dinero de América y encontré rápidamente lo que necesitaba.

América había sido pródiga para mí. Es cierto que durante doce años trabajé furiosamente. Pero también es cierto que al cabo de los doce años de trabajo incesante, me hallé sin colocación y sin dinero. ¿Cómo volver a mi patria fracasado? Una tarde paseaba por Palermo pensando esta triste cosa cuando tropecé con una gruesa cartera de cuero negro. La abrí; la cartera contenía una bolsita con diamantes y $150.000 en billetes. También contenía unas tarjetas y una cédula de identidad con el nombre y las señas de su dueño, pero como desde el primer momento había decidido quedarme la cartera, rompí las tarjetas y la cédula y procuré olvidar el nombre de aquel caballero, lo que logré en seguida, porque yo tengo una memoria fatal.

De este modo me hice rico en América. Y es que en América todo el que trabaja mucho acaba por hacer fortuna.

El cuarto que alquilé al llegar a mi patria era precioso. Lo decoré todo a mi gusto y comencé a vivir una vida sin preocupaciones, llena de molicie y de refinamiento. De cuando en cuando invitaba a cualquier muchacha sin compromiso a pasar unos días en mi compañía, y cuando me sentía harto de su modo de reír o de su gesto al ponerse el pijama la sustituía por otra. Este procedimiento de gustar el amor, como si fuese un piano de manubrio, es una de las bases en que durante años se ha sustentado la tranquilidad de los hombres solteros.

Pero una tarde, en esa hora romántica y húmeda del crepúsculo, estaba solo en casa, porque me hallaba en un momento de transición entre el piano pasado y el piano futuro.

Alguien hizo sonar el timbre y, como una tromba, se me metió en casa una dama estrepitosamente perfumada con «gardenias pútridas», de Lelong.

La dama atravesó el *living-room*, irrumpió en mi despacho y se dejó caer en uno de los sillones con la vista fija en el suelo, las cejas fruncidas y mordiéndose ligeramente el labio inferior.

La contemplé. Traía la cabeza destocada y se envolvía en un *deshabillé* de *charmeuse* y terciopelo. Llevaba unos pendientes de ópalos y unas chinelas amaranto con los tacones rojos, iguales a los de cortesanos de Luis XV. Era rubia; de un rubio frenético.

No quise romper su silencio porque, precisamente, al sentarse en el sillón, el *deshabillé* se había arrugado y dejaba al descubierto las dos piernas de la dama en una extensión suficiente para privar del habla a un orador famoso; cuanto más a mí, que hablo poquísimo. Detalle interesante: las medias que envolvían aquellas piernas prodigiosas eran de gasa, color «risa de sordo».

Pero semejante situación no podía prolongarse. La dama alzó de pronto su cabeza y me dijo:

— Caballero: perdone usted esta intromisión. Soy la vecina del principal derecha. He tenido un feroz disgusto con mi marido y, llevada de la ira, me he ido de casa. Cuando he querido reaccionar estaba en la escalera. ¿A dónde ir así? Y se me ocurrió llamar en su piso. Si a usted le parece, charlaremos un rato, hasta que me tranquilice.

— Y es posible que usted consiga tranquilizarse, señora. Quien no podrá tranquilizarse seré yo mientras usted se obstine en mostrar enteramente la región de sus ligas.

La dama rectificó los pliegues de su *deshabillé* y me hizo de pronto esta pregunta insólita:

— ¿Qué opina usted del amor?

— Creo —repuse para ayudarla en su propósito de quitarle tirantez a nuestra entrevista— que el amor es una especie de ascensor hidráulico; se le puede exigir que funcione bien durante cinco años; durante diez; durante quince; pero llega un momento en que se estropea y se niega a funcionar.

— ¿Y entonces?

— Entonces, señora, hay que cambiar de ascensor o subir a pie; es inevitable.

La dama sonrió con esa sonrisa luminosa exclusiva de las personas inteligentes.

Luego se inclinó hacia mí, rodea mi cuello con sus brazos y murmuró esta sola palabra:

— ¡Ay!

Cuando una mujer suspira mientras rodea con sus brazos el cuello de un hombre, debe uno darse por enterado de que la dama tiene gana de suspirar.

— Es usted capaz de enloquecer a cualquier mujer, amigo mío; sin embargo, nuestro amor es imposible. Yo lo sospecho; ¡imposible, sí!

Y se retorció un dedo; luego, dos; después, tres, y, al final, todos los dedos de la mano.

Entonces llamaron a la puerta.

— ¡Mi marido!

— ¿Usted cree?

Fui a abrir y, en efecto, entró el marido. Tenía un aire triste.

— Caballero —me dijo—. No me explique usted nada. Usted no tiene la culpa. ¡Ella ha sido la que ha venido aquí!... ¡Dios mío, qué vergüenza!

Rompió a llorar, me rogó un vaso de agua, y por tres veces le llevé agua, coñac, tila y azahar.

Al volver yo al despacho me encontraba siempre al marido paseándose excitado, increpando a su mujer, y, ésta, tumbada en su silla, mirando la calle con gesto displicente.

Por fin, a las ocho de la noche, después de que efectué, trayendo agua, una agotadora labor de camello del desierto, decidieron volverse a su casa.

Ya en la puerta el marido me estrechó enérgicamente las manos mientras me decía:

— Gracias, gracias... Nunca olvidaré esto; nunca lo olvidaré.

Y se fueron.

Media hora después yo subía rápidamente la escalera y llamaba en el principal derecha. Nadie contestó a mis timbrazos. Entonces el portero, asomándose al hueco del ascensor, me advirtió que en el principal derecha no vivía nadie, pues el cuarto estaba desalquilado desde hacía seis meses.

Esta noticia me produjo una gran contrariedad. Porque necesitaba hablar de nuevo con los vecinos del principal derecha para preguntarles si ellos habían visto por casualidad, una bolsita con brillantes que yo guardaba en el bargueño de mi despacho y que había echado de menos al rato de marcharse de mi casa el matrimonio.

En torno al texto

— El autor utiliza un humor irónico que, muchas veces, se expresa de un modo indirecto; por ejemplo, fíjate en cómo cuenta la forma de quedarse con el dinero. Busca otros ejemplos de este estilo.

Miguel Mihura nació en Madrid (España) en 1905 y murió en 1986. Periodista, gran humorista, fundador de «La Codorniz», y autor dramático. Su obra «Tres sombreros de copa» es ya un clásico de la comedia teatral.

TORERO CON TORO PROPIO

Era tan rico aquel torero, que hasta llegó a tener su toro propio, como las bailarinas ricas tienen también su decorado propio. Un toro, sólo suyo, que él llevaba a todas las plazas y que él sólo podía torear con su gracia repajolera.

Desde que empezó el duro oficio en las pueblerinas capeas, había tenido siempre esa ilusión, como otros tienen la ilusión de llegar a ser ricos para comprar la Enciclopedia Espasa y mirar todo lo que dice de la palabra «Enfiteusis». De la palabra «enfiteusis», que en los demás diccionarios sólo dice esto: «Cesión perpetua, o por largo tiempo, de un predio rústico o urbano, mediante un canon anuo que se paga al cedente, quien conserva el dominio directo». Y con esto no hay bastante para saber bien lo que es «enfiteusis»..

El se decía:

— Cuando yo triunfe y sea rico, me compraré un toro a mi gusto. Un toro sólo para mí, y así no tendré que torear esos toros que nos dan en las plazas que, como no nos conocen, ni nos quieren, por eso nos embisten tanto. Si esos toros nos conociesen y fuesen muy amigos, muy amigos nuestros, no nos embestirían ni nos querrían matar, el torero no tendría tanto peligro de morir diciendo: «No abandones a mis hijos, Rafaé». Y fastidiar a Rafael.

Y cuando triunfó, como triunfan todos, y tuvo dinero, se compró un toro. Un toro que le vendieron en seguida, con sólo enseñar la cédula, en la que decía que era torero. Porque si no, no se lo hubiesen vendido.

No es tan fácil como parece comprar un toro. Un toro no se lo quieren vender a nadie como no sea un caso de verdadera necesidad. Vender un toro, así porque sí, está tan perseguido como vender morfina sin receta. Un señor cualquiera, aunque sea muy elegante y muy distinguido y de muy buena figura, no puede ir a una tienda de toros y decir al dueño:

— Vengo a comprar un toro. Saque unos cuantos y escogeré...

No. No puede hacer esto.

Lo primero que le dirá el dueño de la tienda es si tiene licencia de toro, como hay que tener licencia de armas.

El dueño no se lo querrá vender nunca y le pondrá mil dificultades. Mucha gente que ha tenido necesidad, verdadera necesidad de comprar un toro, no lo ha podido conseguir, agobiada por tantas dificultades como les ponían. Para comprar un toro, hay que demostrar de una manera lógica que el toro se necesita para algo. Y demostrar esto de una manera lógica es algo imposible. Algunas personas van con el pretexto de que viven en hotelitos apartados y dicen que quieren el toro para defenderse, si alguien les ataca, cuando por las noches van a coger el tranvía atravesando el oscuro campo. Y dicen que, en vez de llevar una escopeta, que son tan peligrosas, prefieren llevar un toro, que siempre tienen corazón como los hombres. Pero ni aun así se los venden. Claro está que en esto, como en todo, hay muchos comerciantes desaprensivos que les venden toros a cualquiera, incluso a señoras y niños, con tal de que se los paguen bien. Pero esto no es corriente. Si esto fuese corriente, no se podría andar por esas calles, pues todo el mundo iría con un toro debajo del brazo...

Cuando tuvo el toro, él lo imponía en todas las corridas que toreaba y, desde entonces, iba siempre de viaje con sus banderilleros y su mozo de estoques y su toro, que llevaba en el lomo las iniciales del torero, como las llevaban también sus pitilleras y sus camisas y sus pañuelos...

Con el toro propio, todo estaba lleno de ventajas, menos cuando, con las prisas de ir a la plaza, se dejaban olvidado el toro en el hotel y tenían que ir corriendo en un automóvil a buscarlo...

El toro propio ya sabía lo que tenía que hacer, y no era como esos toros que tienen en los corrales, que no saben nunca su obligación y llenan las plazas de desconcierto y de pesadez de aprendizaje.

El toro propio de aquel torero, que ya había toreado tantas corridas, no esperaba su turno de pelea en el calabozo negro de la plaza con los demás toros del empresario. El lo esperaba en el callejón, junto al botijo, y el capacho, y los picadores, que también esperaban, y seguía con curiosidad los incidentes de la lidia con el gesto del cómico que no trabaja hasta el tercer acto y ya ha visto mil veces los otros dos apoyado en los bastidores temblorosos...

Y era en esos momentos cuando más disfrutaba, porque era el único sitio adonde le llevaba su matador que, cuando iba al café o al baile sucio con la cuadrilla, lo dejaba en el cuarto de la fonda, como a la criada que no llevan a ninguna parte. Como a esa criada que no llevan sus señoritos más que a las meriendas al campo y en donde ella está tan azorada porque, por más que hace, siempre se le ven las enaguas... Y porque en el campo, vestida de domingo, es cuando más se nota su mal tipo...

Con aquel toro, el torero sólo toreaba una vez en cada corrida, porque a la hora de matar, aunque no le mataba, siempre le hería un poco. Y cuando le hería, el toro pasaba a la enfermería, en donde el médico daba ese parte de: «Ha ingresado en esta enfermería el toro «Metacarpo», con una herida en la región lumbar que le impide continuar la lidia».

Pero el pronóstico era siempre tan leve, que el toro sanaba a las pocas horas con sólo ponerse un poco de tafetán en el agujerito rojo...

Poco a poco, el «Metacarpo» fue conquistando al público con su toreo valiente hasta la temeridad.

Ya la gente iba a la plaza, más que a ver al famoso torero, a ver al famoso toro.

El público jaleaba al toro, y una tarde memorable de faena estupenda le concedieron la oreja del torero...

El torero empezó a sentir envidia grande, envidia de torero, pues su fama iba quedando pequeñita junto a la fama del toro «Metacarpo».

Fue entonces cuando pasó aquello...

Un día su rencor y su odio hacia el toro popular no pudieron contenerse. Después de una faena lucida y rencorosa, atravesó a «Metacarpo» con su estoque, y muchos gritos de espanto saltaron, como botellas de gaseosa, por los tendidos.

Los periódicos de la noche chillaban desde lo alto de sus columnas: «Cogida y muerte del toro «Metacarpo».

Fue un día de duelo nacional, en que las mujeres y los niños lloraban de pena bajo las grandes pantallas de los comedores.

Y los buenos aficionados aun conservan, en marcos de caoba, la fotografía de la cabeza de aquel torero que mató una tarde gris de primavera al fenómeno, al único, al noble y generoso «Metacarpo».

Y ya está.

En torno al texto

— Este cuento se puede dividir en tres tiempos. Trata de hallar esta división y describe brevemente lo que se nos cuenta en cada uno de ellos.

José López Rubio nació en Motril (Andalucía, España) en 1903. De 1930 a 1936 residió en Hollywood contratado por la Metro y la Fox como adaptador y guionista. Autor de Roque Six, 1927, novela fundamental en la concepción del humor nuevo. Realizador cinematográfico y autor teatral de éxito. Nombrado académico de la lengua en 1983.

MONEDA FALSA

Leonardo extendió bien en el rodillo la última tinta de la tirada. Dio una vuelta a la prensa y tuvo entre las manos un billete de diez duros, fresco todavía. Lo puso a secar al sol, y sin terminar la tirada, con el castillete de papel cortado junto a la prensa, salió a la calle para probar el primogénito de su nueva industria.

Entró en un estanco. Las cosas deben hacerse así. Se metió en la boca del lobo, donde están los más expertos catadores de moneda; los que por el tacto en los duros notan antes que nadie si el rey tiene flequillo o no lo tiene.

Leonardo pagó con el billete nuevo una cajetilla de tabaco inglés. El estanquero se quedó mirando el billete antes de dar la vuelta. Probó el papel al tacto, lo remiró por un lado y por otro y hasta por el canto.

Leonardo creyó llegado el momento de jugarse el todo por el todo.

— ¿Qué tiene ese billete?

El estanquero se turbó. Lo habían cazado en un momento de duda mientras recorría en su memoria todas las series de billetes falsos, con la mácula, el talón de Aquiles de cada uno, por donde se descubría claramente su falsedad. Aquel billete, de dudoso aspecto, no tenía ninguna de las falsas clásicas en la fabricación clandestina. Debía ser bueno, por tanto. Eso pasa: de tanto conocer los falsos, aquel hombre se había olvidado un poco de los buenos.

— Es bueno, desde luego. Pero le encontraba un *no sé qué*.

Y devolvió a Leonardo, en buena moneda, la diferencia en el precio de su adquisición y la cantidad, aunque sólo supuestamente, entregada.

Pronto se convenció Leonardo de que sus billetes tenían general aceptación. Esto le animó a entregarse de lleno a tan difícil industria. Poco a poco, se puede asegurar que no circulaban más billetes que los de Leonardo, y esto por dos razones: primera, porque Leonardo había puesto en circulación una cantidad mucho mayor a la de los billetes verdaderos, lo que naturalmente, había aumentado la riqueza nacional, y segundo, porque, a cambio de los billetes que ponía en juego, Leonardo iba guardando en su casa los billetes verdaderos, mirando muy bien lo que le daban, con buen ojo, para que no le fuesen a colar moneda falsa.

La abundancia, casi el exceso, de estos billetes, acabó por ponerlos de norma. Ya, los billetes que no se parecían a los de Leonardo eran unánimemente rechazados, y sólo Leonardo los tomaba, rechazando un tesoro de verdadera riqueza.

Cuando ya era rico y salía a «colocar» sus billetes falsos en un Rolls magnífico, sintió deseos de seguir su verdadera inclinación de artista, modificando la estructura del papel-moneda.

¡Qué preciosos billetes de cinco duros hizo con una vista de Toledo! Pues, ¿y aquellos billetes de cincuenta pesetas que por un lado representaban las Tres Gracias, de Rubens, y por el otro una escena de «El Alcalde de Zalamea»? No hay que olvidar los lindísimos billetes de 100, que reproducían, por un lado, la estación del ferrocarril de Miranda de Ebro, pueblo natal de Leonardo.

Fue muy curiosa la actitud del público, respecto a aquellos billetes. Al principio había un momento de extrañeza muy comprensible. Después, se dedicaban a recordar cómo eran los *verdaderos* y, como no los recordaban, no podían hallar las diferencias y los errores que pudieran tener los falsos, todos acababan por decir:

— ¡Ah! ¿Son los billetes nuevos?

Porque siempre hay billetes nuevos, siempre se renueva el *stock* por emisiones de las que no tenemos noticia cierta, y siempre nos sorprende el nuevo dibujo y la nueva gama de color.

Así, los billetes de Leonardo circulaban de mano en mano y servían para todas las transacciones.

Leonardo, mientras, seguía guardando para sí los billetes buenos, que la gente, siempre novelesca, ya no apetecía.

Satisfecho de su triunfo, quiso dar nuevas pruebas de su inventiva. Sus billetes, con escenas del Quijote, fueron elogiadísimos. Los que reproducían los retratos de los tripulantes del «Plus Ultra» tuvieron señalada aceptación. Los que llevaban el plano y la guía de Madrid, se impusieron por su palpable utilidad.

Poco a poco, Leonardo fue haciendo billetes para todos los gustos, para todas las aficiones, entusiasmos, colectividades y devociones.

Hizo los billetes de 1.000 con el retrato de Belmonte y un pase de Cagancho en el respaldo. Hizo los de 500 con una imagen del Pilar, de Zaragoza, y una jaculatoria al dorso. Los de 250, con el Reglamento del Somatén. Los de 100, con el horario de los trenes y con las obras de la Gran Vía. Los de 50, con el retrato de Samitier y un pase corto del Real Unión, en la final del campeonato de España. Los de 25, con el himno de los Exploradores, y los de 25 (modelo para niños), con un precioso cuento ilustrado, en colores.

Tal profusión de billetes y, al mismo tiempo, tanto gusto en su ejecución, tanta limpieza en el tiraje, para el que ya disponía Leonardo de un taller completísimo y numerosos obreros especializados, era admiración de propios y extraños.

Y, mientras tanto, los billetes buenos, cada vez más difíciles de encontrar, iban a parar a sus manos.

Entonces, concibió el propósito de huir al extranjero, que es lo que hacen los monederos falsos, siempre que pueden.

Llenó una gran maleta con todo su dinero y se fue al Banco. pensaba recoger un cheque, por varios de todos aquellos millones, y marcharse, en seguida, para cobrarlo en París, en la sucursal, y embarcar con rumbo a América.

Pero la fatalidad se interpuso en su camino, valiéndose de su propia gloria.

— Espere usted, le dijo en el Banco el de la ventanilla, y se metió en otro despacho.

Hubo un consejo rápido entre los altos empleados y los peritos. Convinieron todos que aquel hombre que trataba de cobrar unos billetes extraños, era un monedero falso y llamaron a los guardias civiles, que siempre hay en la puerta.

Y Leonardo dio en la cárcel por aquel deseo burgués de amontonar un dinero que ya no se recordaba en España, mientras se celebraba la aparición de sus últimas creaciones:

El billete de 100, con el retrato de Mary Pickford y el argumento de su ultimo «film» y el billete de 500 con un precioso folletín encuadernable.

En torno al texto

— ¿Qué error te parece que comete Leonardo para que acaben tan mal sus fantasías?

Enrique JARDIEL PONCELA

EL AMOR QUE NO PODÍA OCULTARSE

Durante tres horas largas hice todas aquellas operaciones que denotan la impaciencia en que se sumerge un alma: consulté el reloj, le di cuerda, volví a consultarlo, le di cuerda nuevamente, y por fin, le salté la cuerda; sacudí unas motitas que aparecían en mi traje; sacudí otras del fieltro de mi sombrero; revisé dieciocho veces todos los papeles de mi cartera; tarareé quince cuplés y dos romanzas; leí tres periódicos sin enterarme de nada de lo que decían; medité; alejé las meditaciones; volví a meditar; rectifiqué las arrugas de mi pantalón; hice caricias a un perro, propiedad del parroquiano que estaba a la derecha; di vueltas al botoncito de la cuerda de mi reloj hasta darme cuenta de que se había roto antes y que no tendría inconveniente en dejarse dar vueltas un año entero.

¡Oh! Había una razón que justificaba todo aquello. Mi amada desconocida iba a llegar de un momento a otro.

Nos adorábamos por carta desde la primavera anterior. ¡Excepcional Gelda! Su amor había colmado la copa de mis ensueños, como dicen los autores de libretos para zarzuelas.

Sí. Estaba muy enamorado de Gelda. Sus cartas, llenas de una gracia tierna y elegante, habían sido el lugar geométrico de mis besos.

A fuerza de entenderme con ella sólo por correo había llegado a temer que nunca podría hablarla. Sabía por varios retratos que era hermosa y distinguida como la protagonista de un cuento.

Pero en el Libro de Caja del Destino estaba escrito con letra redondilla que Gelda y yo nos veríamos al fin frente a frente; y su última carta, anunciando su llegada y dándome cita en aquel café moderno —donde era imprescindible aguantar a los cinco pelmazos de la orquesta— me había colocado en el Empíreo, primer sillón de la izquierda.

Un taxi se detuvo a la puerta del café. Ágilmente bajó de él Gelda.

Entró, llegó junto a mí, me tendió sus dos manos a un tiempo con una sonrisa celestial y se dejó caer en el diván con un «chic» indiscutible.

Pidió no recuerdo qué cosa y me habló de nuestros amores epistolares, de lo feliz que pensaba ser ahora, de lo que me amaba...

— También yo te quiero con toda mi alma.

— ¿Qué dices? -me preguntó.

— Que yo te quiero también con toda mi alma.

— ¿Qué?

Vi la horrible verdad. Gelda era sorda.

— ¿Qué? -me apremiaba.

— ¡Que también yo te quiero con toda mi alma! —repetí gritando.

Y me arrepentí en seguida, porque diez parroquianos se volvieron para mirarme, evidentemente molestos.

— ¿De verdad que me quieres? —preguntó ella con esa pesadez propia de los enamorados y de los agentes de seguros de vida. ¡Júramelo!

— ¡¡Lo juro!!

— ¿Qué?

— ¡Lo juro!

— Pero dime que juras que me quieres —insistió mimosamente.

— ¡¡Juro que te quiero!! —vociferé.

Veinte parroquianos me miraron con odio.

— ¡Qué idiota! —susurró uno de ellos. Eso se llama amar de viva voz.

— Entonces —siguió mi amada, ajena a aquella tormenta— ¿no te arrepientes de que haya venido a verte?

— ¡De ninguna manera! —grité decidido a arrostrarlo todo, porque me pareció estúpido sacrificar mi amor a la opinión de unos señores que hablaban del Gobierno.

— ¿Y... te gusto?

— ¡¡Mucho!!

— En tus cartas decías que mis ojos parecían muy melancólicos. ¿Sigues creyéndolo así?

— ¡¡Sí!! —grité valerosamente. ¡¡Tus ojos son muy melancólicos!!

— ¿Y mis pestañas?

— ¡¡Tus pestañas, largas y rizadísimas!!

Todo el café nos miraba. Habían callado las conversaciones y la orquesta y sólo se me oía a mí. En las cristaleras empezaron a pararse los transeúntes.

— ¿Mi amor te hace dichoso?

— ¡¡Dichosísimo!!

— Y cuando puedas abrazarme...

—¡¡Cuando pueda abrazarte —chillé, como si estuviera pronunciando un discurso en una Plaza de Toros— creeré que estrecho contra mi corazón todas las rosas de todos los rosales del mundo!!

No sé el tiempo que seguí afrontando los rigores de la opinión ajena. Sé que, al fin, se me acercó un guardia.

— Haga el favor de no escandalizar —dijo. Le ruego a usted y a la señorita que se vayan del local.

— ¿Qué ocurre? —indagó Gelda.

— ¡¡Nos echan por escándalo!!

— ¡Por escándalo! —habló ella estupefacta. Pero si estábamos en un rinconcito del café, ocultando nuestro amor a todo el mundo y contándonos en voz baja nuestros secretos.

Le dije que sí para no meterme en explicaciones y nos fuimos.

Ahora vivimos en una «villa» perdida en el campo, pero cuando nos amamos, acuden siempre los campesinos de las cercanías preguntando si ocurre algo grave.

En torno al texto

— Inventa una conversación entre dos clientes del café que asisten a esta escena.

El AMIGO DE ÉL Y ELLA
(Cuento persa de los primeros padres)

Él y Ella estaban muy disgustados en el Paraíso porque en vez de estar solos, como debían estar, estaba también otro señor, con bigotes, que se había hecho allí un hotelito muy mono, precisamente enfrente del árbol del Bien y del Mal.

Aquel señor, alto, fuerte, con espeso bigote y con tipo de ingeniero de Caminos, se llamaba don Jerónimo, y como no tenía nada que hacer y el pobre se aburría allí en el Paraíso, estaba deseando hacerse amigo de Él y Ella para hablar de cualquier cosilla por las tardes.

Todos los días, muy temprano, se asomaba a la tapia de su jardín y les saludaba muy amable, mientras regaba los fresones y unos arbolitos frutales que había plantado y que estaban ya muy majos.

Ella y Él contestaban fríamente, pues sabían de muy buena tinta que el Paraíso sólo se había hecho para ellos y que aquel señor de los bigotes no tenía derecho a estar allí y mucho menos de estar con pijama.

Don Jerónimo, por lo visto, no sabía nada de lo mucho que tenía que suceder en el Paraíso, e ingenuamente, quería hacer amistad con sus vecinos, pues la verdad es que en estos sitios de campo, si no hay un poco de unión, no se pasa bien.

Una tarde, después de dar un paseo él solo por todo aquel campo, se acercó al árbol en donde estaban Él y Ella bostezando de tedio, pero siempre en su papel importante de Él y Ella.

— ¿Se aburren ustedes, vecinos? —les preguntó cariñosamente.

— Pchs... Regular.

— ¿Aquí no vive nadie más que ustedes?

— No. Nada más. Nosotros somos la primera pareja humana.

— ¡Ah! Enhorabuena. No sabía nada —dijo don Jerónimo. Y lo dijo como si les felicitase por haber encontrado un buen empleo. Después añadió, sin conceder a todo aquello demasiada importancia:

— Pues si ustedes quieren, después de cenar, nos podemos reunir y charlar un rato. Aquí hay tan pocas diversiones y está todo tan triste...

— Bueno —accedió Él. Con mucho gusto.

Y no tuvieron más remedio que reunirse después de cenar, al pie del árbol, sentados en unas butacas de mimbre.

Aquella reunión de tres personas estropeaba ya todo el ambiente del Paraíso. Aquello ya no parecía el Paraíso ni parecía nada. Era como una reunión en Recoletos, en Rosales o en la Castellana. El dibujante que intentase pintar esta estampa del Paraíso, con tres personas, nunca podría dar en ella la sensación de que aquello era el Paraíso, aunque los pintase desnuditos y con la serpiente y todo enroscada al árbol.

Ya así, con aquel señor de los bigotes, todo estaba inverosímilmente estropeado.

* * *

Él y Ella no comprendían, no se explicaban aquello tan raro y tan fuera de razón y lógica. No sabían qué hacer. Ya aquello les había desorganizado todos sus proyectos y todas sus intenciones.

Aquel nuevo y absurdo personaje en el Paraíso les había destrozado todos sus planes; todos esos planes que tanto iban a dar que hablar a la Humanidad entera.

La serpiente también estaba muy violenta y sin saber cómo ni cuándo intervenir en aquella representación, en la que ella desempeñaba tan principal papel.

Por las mañanas, por las tardes y por las noches don Jerónimo pasaba un rato con ellos, y allí sentado, en tertulia, hablaban muy pocas cosas y sin interés, pues realmente, en aquella época, no se podía hablar apenas de nada, ya que de nada había.

— Pues, si... —decían.

— Eso.

— ¡Ah!

— Oveja.

— Cabra.

— Es cierto.

De todas formas no lo pasaban mal. Él y Ella, poco a poco, distraídos con aquel señor que había metido la pata sin saberlo, fueron olvidando que uno era Él y la otra Ella. Y hasta le fueron tomando afecto a don Jerónimo, que, a pesar de todo, era un hombre simpático y rumboso. Y los tres juntos hacían excursiones por los ríos y los valles y reían alborozados de vivir allí sin penas, ni disgustos, ni contrariedades, ni malas pasiones.

***

Una vez don Jerónimo les preguntó:

— Ustedes ¿están casados?

Y ellos no supieron qué contestar, ya que no sabían nada de eso.

— ¿Pero no son ustedes matrimonio?

— No. No lo somos —confesaron al fin.

— Entonces, ¿son ustedes hermanos?

— Sí, eso —dijeron ellos por decir algo.

Don Jerónimo, desde entonces, menudeó más las visitas. Se hizo más alegre. Presumía más. Se cambiaba de pijama a cada momento. Empezó a contar chistes y Ella se reía con los chistes. Empezó a llevarle vacas a Ella. Y Ella se ponía muy contenta con las vacas.

Ella tenía veinte años y además era Primavera. Todo lo que ocurría era natural.

—La quiero a usted —le dijo don Jerónimo a Ella un atardecer, mientras le acariciaba una mano.

— Y yo a usted, Jerónimo —contestó Ella, que, como en las

comedias, su antipatía primera se había trocado en amor.

A la semana siguiente, Ella y aquel señor de los bigotes se habían casado.

Al poco tiempo tuvieron dos o tres chiquitines que enseguida se pusieron muy gordos, pues el Paraíso, que era tan sano, les sentaba admirablemente.

Él, aunque ya apreciaba mucho a don Jerónimo, se disgustó bastante, pues comprendía que aquello no debía haber sido así; que aquello estaba mal. Y que con aquellos niños jugando por el jardín aquello ya no parecía Paraíso, ni mucho menos, con lo bonito que es el Paraíso cuando es como debe ser.

La serpiente, y todos los demás bichos, se enfadaron mucho igualmente, pues decían que aquello era absurdo y que por culpa de aquel señor con pijama no había salido todo como lo tenían pensado, con lo interesante y lo fino y lo sutil que hubiese resultado.

Pero se conformaron, ya que no había más remedio que conformarse, pues cuando las cosas vienen así son inevitables y no se pueden remediar.

El caso es que fue una lástima.

En torno al texto

— *Vuelve a narrar sin diálogo este cuento sobre un Paraíso a tres.*

Manuel Rivas es un poeta, periodista y cuentista nacido en La Coruña (Galicia, España). Los cuentos de su reciente publicación, «Un millón de vacas», escritos en gallego han sido traducidos al castellano por el propio autor.

UN MILLÓN DE VACAS

No iba de negro, sino con un vestido estampado azul y blanco, y llevaba sobre los hombres un chal de color de plata vieja, como la prolongación de los cabellos. Me hizo señal de que parara desde la sombra de la marquesina y, cuando me detuve, asomó con resolución por la ventana del auto unos ojos de lechuza con gafas de concha.

Va a Vigo, ¿verdad?

Lo preguntó como si realmente no hubiera otro sitio a dónde se pudiera ir. Gracias, chico; me has dado la vida, dijo después de acomodarse en el asiento y ahuecarse el pelo con las manos. En la radio daban la señal horaria de las cinco de la tarde, y luego sonó la sintonía del informativo. Ajena al sonido intruso que se interponía entre los dos, explicó enseguida que había perdido el coche de línea y que tenía vez en el médico. A esta edad, no tenemos más que achaques, hijo, ser viejo es una desgracia. En Galicia, decía el locutor, hay aproximadamente un millón de vacas. Qué va, señora, le dije por cortesía, no diga eso. Tonterías, dijo ella, creen que somos tontos, ¡un millón de vacas!, se pasan el día diciendo tonterías. Apagué la radio y se volvió hacia mí con rostro satisfecho. Nada de lo que dicen es verdad, hijo, nada de lo que dicen es verdad.

Me preguntó que dónde vivía y le respondí que no lo sabía muy bien. Ando de aquí para allá. Ella sonrió. Los jóvenes sois un caso. Yo viví en Madrid. ¿Conoces Madrid? Hasta hace muy poco viví en Madrid. Tengo un hijo allí. Marchó a trabajar, y allí se casó. Un día apareció en casa, en Soutomaior, yo estaba pelando las patatas y me dijo, anda mamá, coge las cosas y vente conmigo. Y le digo yo, pero niño, qué hago con los animales, y con la casa, ¿quién va a cuidar de la casa? Y él me dijo, mira mamá, ya habrá quien cuide de los animales, se los dejamos a los vecinos, y la casa, la casa nadie se la va a llevar. Y así fue. Me fui para Madrid.

¿Y le gustó Madrid?

¿Qué?

¿Le gustó?

Mucho. Me gustó mucho.

La vieja revolvía en el bolso y sacó un espejito y una barra de labios.

Me gustó mucho, dijo después del arreglo. Pero no podía dormir. Mi hijo vivía en un piso, un pisito, pero estaba bien. En fin, podía pasar. La nuera es una joya. Yo siempre quise que se buscara una moza de la tierra, pero, en fin, se casó allí, y te digo que la chica es una maravilla, muy delgadita, eso sí, muy maja. No me dejaba tocar nada. Ni fregar los platos me dejaba. Usted, mamá —me llamaba mamá—, a descansar, que ya ha tenido bastante trabajo. ¿Yo, hija mía? Como todo el mundo. Que no, mamá, que siéntese. Pero, ay chico, lo que no podía era dormir. Las paredes son de papel. En el piso de arriba tenían un crío, una criaturita que, claro, se ponía a llorar. Justo encima tenía la cuna. ¿Quieres creer que los desgraciados de los padres no se levantaban para darle un poco de cariño? Noche tras noche, y el crío llorando como una víctima hasta que se callaba de cansancio, pobrecillo. A mí se me comían los diablos. Un día encontré en el portal a la madre y se lo dije, por éstas que se lo dije. Le dije que si no tenían alma, dejar llorar así a una criatura. ¿A que no sabes lo que me contestó la descarada? Usted métase en lo suyo. Eso fue lo que me dijo, mal rayo la confunda. Pero lo peor no fue eso.

La miré de reojo. Tenía los labios apretados y se frotaba las manos.

Lo peor fue que eso mismo me dijo mi nuera. No son cosas suyas, mamá, cada uno vive su vida. Aquella noche el niño volvió a llorar. A mí se me comían los diablos. Así que me fui. ¿Qué te parece? Me fui al día siguiente.

Bajando por Meixueiro, se recortaba en el fondo la silueta caótica de Vigo, como una descuidada medianera en el paraíso de la ría.

¿Va a la Residencia?

No, no. Déjame a la entrada, que ya me arreglaré.

Si quiere la llevo hasta el médico; tengo tiempo.

Se volvió a negar, pero cuando paré el coche en el semáforo de la Plaza de España, me puso la mano en la rodilla y se arrimó como para hacerme una confidencia. ¿Sabes dónde está Nova Olimpia? Quedé sorprendido, pero le dije que sí. Sí, creo que sí. Pues déjame allí. Hoy hay baile de la tercera edad. ¿Sabes? Cuando volví de Madrid me eché novio.

¿No será médico?

¡No, qué va!, dijo ella llorando de risa.

En torno al texto

— Un proverbio nos recuerda que para el amor no hay edades. Según estés de acuerdo o no con ello, habla con la protagonista animándola en su relación o intentando convencerla de que no la siga.

Julia Ibarra nació en Lugo (España) en 1925 y ha publicado varios libros de cuentos.

ANGOR PECTORIS

Fachenda, todo fachenda, abundancia y lujo de barbas, flecos de pestañas, destellos en la mirada, labios y sonrisas de cromo, acentos melifluos de mignon acompasados con frases líricas, trascendentes en su brevedad, «qué magnífica puesta de sol», «qué fabulosa representación», «qué gótico tan sensacional», «qué romántico tan increíble». Todo fachenda y sólo fachenda, la camisa entreabierta deja al descubierto el moreno de la piel,la soberbia musculatura, las piernas se ajustan muy ceñidas a la funda de unos pantalones de cuero o pana negros, piernas con esbeltez de mujer y el contoneo incesante del trasero, el movimiento rítmico de las caderas. Tan pronto estira, tan pronto contrae los dedos de las manos, dedos que parecen algo, que parecen de alguien importante.

Fachenda: amigos y amigas del más elevado rango social, partidas de golf, deporte de montaña, paseos en yate. Ahora regresa mohíno de la noche, del alcohol y de la aventura. Yace tendido sobre la cama, se le ha descompuesto el semblante con los vapores de la juerga, se le ha puesto vidriosa la mirada, las barbas desmadejadas y lacias, pero él, siempre señor, dueño absoluto y rey del hogar, mientras se desviste da órdenes imperiosas: «Irene, apaga la luz que me está molestando», «Irene, tráeme un vaso de leche a ver si me desintoxico», «Irene, que no se despierten los niños», «Irene, cámbiale los pañales a Rafaelito que huele que apesta» («Ella que no proteste que le regalo un hijo cada año») Cochino mignon, danzarín de yeso, piernas de saltos y de pases de un estrafalario ballet, no me toques que me pinchan tus barbas y tienen fiebre tus mejillas de cartón.

Me acuerdo del día de nuestra boda, nos casamos al amanecer porque él pretendía ser original. Al principio yo me había dejado deslumbrar por el portentoso edificio de su cuerpo de carnes bruñidas, densas y apretadas, un cuerpo elástico de supermán. «Guapo tu novio, Irene, qué figura la suya, rica, que parece aquel artista de la televisión americana de revólver en el cinto», y mi madre que me pregunta un día; «¿en qué trabaja?», y yo riendo como si me hubiese vuelto loca: «en nada, es igual que un payaso de papel, no llega a payaso de trapo, cometa de varios colores que vuela por el aire». Mi madre asombrada: «¿de qué vais a vivir?», «pues no lo sé, del papel, de los colores, déjame, madre, llevo dentro un hijo suyo, él es guapo y triunfará cualquier día en el cine o en el teatro».

Estaté quieto que llevo el quinto hijo en mis entrañas. Cuando crezca él y los otros pronunciarán tus mismas frases almibaradas, «fabulosa representación esta de Hamlet», «increíble escenario el de la plaza de la Catedral». ¿A quién has oído tu esos términos altisonantes, bailarín de aire?, tú que no lees ni la hoja de un periódico, ni una crítica teatral, que no escribiste tres líneas seguidas en tu vida ni alcanzaste dos minutos de reflexión y soledad a lo largo de toda ella, que estás vacío como esas nubes que se retiran y dejan paso cuando el avión cruza el espacio, tú que te tienes en la cúpula de la alta sociedad gracias a unos cuantos adjetivos admirativos, «fabuloso», «increíble», «fenomenal». Te tendría lástima, pero no lo mereces porque todo te da igual, todo te resbala por tu carne apretada, por el barniz de aceites y cremas para el sol con que untas tu piel. No te mueve estímulo alguno ni siquiera el del placer, te disuelves en fuegos artificiales y estallidos de pólvora, en cohetes de procesión de pueblo. Es tu belleza, sólo ella y tu apostura las que arrastran, me arrastraron a mí, arrastrarán a otros.

Luego le explicaré a mi madre que mi marido sigue sin colocación, que no vale para las tablas y eso que vaya cómo menea las caderas, con cuánto brío y cadencia. Lo rechazaron en el teatro, madre. Déjeme pasar, portero, que soy la esposa de don Rafael Otero de Torrevieja y le van a hacer un ensayo especial; ya lo estoy viendo en una silla, un poco pálido a pesar del moreno de la montaña, agita los brazos en el aire, pone en relieve las manos, marca grandes uves entre los espacios vacíos de los dedos, adopta la máscara trágica de Laurence Olivier: el escenario se halla medio a oscuras, una penumbra piadosa difumina sus rasgos de pobre mignon y el director «recite —le dice—, empiece de nuevo. Más alto. Cambie la modulación. Esos registros, póngales mayor patetismo». Y mi macho que comienza a tambalearse, que parece que le da mal, que la silla vibra como si hubiese un duende haciendo travesuras por debajo y él que se afloja, se ablanda, resbala y se derrumba poco a poco sobre el suelo. «Cójanlo que se está cayendo, que se cae». Bobo, Hamlet ridículo, no llores más, levántate, vámonos que para esto no sirves. Has fracasado en el intento aunque el director era amigo de mi padre y se había ofrecido para darte una oportunidad.

¿Y ahora qué hacemos? Fíjate cómo está la vida, madre. Cuatro años llevo casada con este espantapájaros de cazadora y pantalones de cuero y ya nacieron cuatro vástagos, nacerá el quinto y no habrá tregua para semejante monstruo de inconsciencia. Ya me dirás qué debo hacer. Fracasó en el teatro, te lo he contado. Déjeme pasar, portero, que soy la esposa de don Rafael Otero de Torrevieja y le van a hacer unas pruebas. Ya lo han maquillado agrandándole los ojos con rimmel y pestañas postizas, ya se convierte en el centro de todas las miradas, ya se dispone para las consabidas poses de rufián, ya se aproximan al futuro astro las cámaras, ya giran a su alrededor iluminándolo los enormes focos. Le colocan delante una belleza lánguida, la artista o vedette de turno y le ordenan mover eróticamente el cuerpo y besarle en los labios. Y este es el juicio: que no besa bien, que no sabe desempeñar el papel de chulo —¡quién lo creería! Vaya desastre, rompe a llorar de rabia e impotencia, las lágrimas y el rimmel forman un nubarrón en el que se derriten los afeites y se destiñen arrastrando consigo las pestañas postizas. Así, con esa traza, hecho un acordeón de hipos, salió del plató, y a medida que bajábamos en el ascensor el llanto se le iba secando, y cuando llegamos a la calle estaba tan contento y tan airoso con el habitual balanceo de las nalgas. Las pestañas se le habían quedado colgadas de los pelos de la barba, quizá luego cayeron en el mármol de la portería, en las aceras o volaron por el aire pegajosas como moscas.

«Oficinas ni hablar —dijo un día—, me marean los números, se me va la cabeza con las divisiones». «Tonto, que ahora hay máquinas calculadoras que no ocupan nada, te metes una en el bolsillo del pantalón y en paz». Y él «que no, que no quiero, que me pongo malísimo sólo con mirar los números, que sufro unas jaquecas atroces». «Pues anda, guapo, tú verás lo que hacemos». «Ya surgirá cualquier cosa, preciosa».

Precioso él, la piel tostada por el sol de la montaña o de la playa y yo mientras pudriéndome en casa con los cuatro críos, todos dorados y rubios igual que el padre. Cómo baila Teresita en la punta de los pies, cómo da vueltas al son de la música de los discos que parece una peonza y qué cabriolas y contorsiones de circo. Y Luis y Sonia, tan pequeñitos y tan flexibles sus cuerpos.

Un día llegas a casa y nos encuentras muertos a los cinco de un escape de gas. Abro la llave y en unos instantes ya está. El no escucha. «Anda, linda, que te doy un hijo por año. ¡Menudo regalo! No te quejarás. Valgo mucho, soy un tío fenomenal. Lo que pasa es que tú no me comprendes e ignoras lo que hay dentro de mi cabeza». «No lo ignoro, marica, no lo ignoro. Dentro de tu cabeza hay papeles de color y media docena de adjetivos para ir tirando. Eres cometa de poca altura, de escaso vuelo, juguete de niños. Eres un señorito de oropel, figura decorativa, figura de cartón de falla valenciana».

En este cavilar sobre la vaciedad que me rodea, dejándome resbalar por la rampa del desengaño, queda atrás el amanecer y ya se ha desperezado la casa con los gritos y lloros de los niños. Sólo él sigue dormido aunque he subido con furia las persianas para meter ruido. Venga, levántate que no quiero perderme el espectáculo de tu despertar, de tu rostro abriéndose todavía congestionado por el sueño, de ese lujo de bellas facciones que te gastas crispándose al primer contacto de la luz del día.

Tu dormir es tan profundo que llega a absorber como un océano las contracciones de tu corazón. Estás frío, se te han helado las manos. Y esa mueca extrañísima de dolor y de asco en los labios... ¿Habrá sido la causa el olor a caca de Rafaelito? Pero ¿qué pasa? Si no respira, si no se mueve, si parece que está muerto. ¿Muerto? ¿Habrá muerto mi marido, el padre de mis hijos? Doctor, lo llama la señora de Rafael Otero de Torrevieja. Dése prisa, doctor, coja el coche enseguida. Mi marido se ha puesto malísimo... Yo creo que está muerto. Por favor, vecinos, acudan a mi casa. Ayúdenme... Mi marido... ¿Qué dice, doctor?... ¿Que no hay nada en absoluto que hacer? ¡Dios mío! ¿Cómo es posible?... Sí, le explicaré, doctor, lo que usted quiera. Yo me he pasado la noche en la cama, a su lado, sin dormir. Le parecerá una estupidez, una incoherencia en estos momentos, discurriendo, dándole vueltas a una especie de gigolo, de muñeco de cartón, de supermán de falla valenciana que acaba de quemarse y no oí ni un quejido. Se acostó muy cansado, ya de madrugada. Irene, apaga esa luz. Irene, tráeme un vaso de agua, Irene cambia los pañales a Rafaelito que huele que apesta, y yo cumplía todas sus órdenes. Ahora, dígame, doctor: ¿cuál ha sido la causa de su muerte-? ¿Cómo?... No entiendo bien.

¿Podría repetírmelo? ¿De angina de pecho?... Es lo más absurdo que he escuchado en mi vida. No se enfade, doctor, por Dios, no se enfade, no me lo tome a mal. Si yo no dudo de su ciencia, pero me sorprende el diagnóstico. Me cuesta creer que mi marido haya muerto de lo que mueren los ejecutivos, los hombres de negocios, todos esos seres importantes que marchan en el avión de la mañana para volver en el de la noche del mismo día, vestidos con impecables trajes oscuros, llevando en la mano derecha un maletín *necessaire*. Él no fue nunca más que un fantoche. No se escandalice, doctor, no se escandalice, ¿por qué ocultarle la verdad? ¿No son los médicos como confesores? Se acostaba a las tantas, se levantaba casi a la hora de comer, sin ayudar en casa, sin trabajar fuera. Si lloraba, que también lloraba, se le secaban rápidamente las lágrimas.

Silencio, niños, silencio, no te pongas tú ahora a bailar, Teresita, que se ha muerto papá de angina de pecho. El día de mañana, cuando seáis mayores, podréis publicar a los cuatro vientos que vuestro padre falleció un amanecer de angina de pecho, y eso no es cualquier cosa. Es la herencia, el renombre, además de la belleza, que os ha dejado Rafael Otero de Torrevieja.

En torno al texto

— La dureza del relato es muy grande. Irene critica sin piedad a un marido poco conveniente. Antes de ver que ha muerto, sigue tú el monólogo de Irene proponiendo un plan de actuación que te libere de esta situación.

Miguel Delibes nació en 1920 en Valladolid (España). Delibes es uno de los grandes novelistas españoles de este siglo.

MI PADRE

Mi padre se rebelaba contra el hecho de que un ochenta por ciento de españoles no supieran nadar cuando sabían hacerlo hasta los perros. Con frecuencia solía decir: «Todos los niños deberían aprender a nadar al tiempo que a andar». Y cada verano, cuando leía en el diario la noticia de un niño ahogado, se ponía de mal humor. No se explicaba la dejadez general ante un problema tan importante y sencillo de resolver. En fuerza de hablar de natación, yo, niño, llegué a considerarle, en mi fuero interno, un Johnny Weissmuller un poco más magro y envejecido. Empero su relación con el agua fría, cuando yo tomé conciencia de las cosas, era más bien platónica y ambigua: la amaba, pero la temía; se mezclaban en él la pasión del deportista y el miedo del catarroso. Y lo peor es que a la más tierna edad ya nos transmitía su recelo: baños sí, pero cortos. Aún le recuerdo en la playa de Suances, en Santander, reloj en mano, cronometrando nuestras inmersiones (nunca más de diez minutos), la arena resplandeciente, al fondo la Isla de los Conejos. En cambio, don Julio Alonso, otro campeón de biciclo, dueño de la fábrica de galletas La Isabelita, corpulento y atezado, un auténtico lobo de mar, se zambullía una y otra vez rodeado de una turba de chiquillos sin tener en cuenta el reloj. Don Julio nos enseñaba a bucear, a hacer el muerto y la técnica del *crawl*. A veces, cuando el mar estaba picado, saltábamos junto a él las olas gigantescas y nos sostenía a todos contra su empuje. Era como un dios: dominaba el mar, dominaba la tempestad, dominaba el peligro.

Yo, al verle, pensaba en mi padre, en que era una lástima que siendo tan diestro como él no pudiera demostrarlo porque se enfriaba. De ahí nació nuestra secreta aspiración (la de los ocho hermanos): que nuestro padre se bañara y pudiera emular a don Julio Alonso al menos por un día. Este deseo llegó a desazonarnos y en ocasiones cuando le veíamos de buen humor, como quien no quiere la cosa, le preguntábamos si no pensaba meterse nunca en el mar: «Tal vez algún día —respondía él— pero tendría que hacer mucho, mucho calor». No hay que decir que, si amanecía un día sereno, mis hermanos menores, confundiendo el sol con la temperatura, preguntaban a mi padre si el día no era lo bastante caluroso como para que se bañase. «Aún no; todavía no hace suficiente calor», respondía invariablemente mi padre. Pero ellos insistían una y otra vez y él rehusaba, hasta que un día, cansado sin duda del asedio, se consideró en el deber de concretar: «únicamente me bañaré el día que haga tanto calor que se asfixien los pájaros». A partir de ese día, nosotros no hacíamos más que observar a los pájaros, los gorriones en los alambres y las gaviotas en el malecón. Pero unos y otras no parecían sentirse indispuestos por mucho que el sol apretase. Entonces empezamos a recelar que el dicho de mi padre era una evasiva para eludir nuestro acoso: los pájaros nunca se asfixiaban a causa del calor, luego nuestro padre nunca se bañaría, jamás podríamos verle competir con don Julio Alonso. Mi padre, que por aquellas fechas rondaría ya los sesenta, bajaba ordinariamente a la playa con chaqueta y chaleco de la misma tela pero, aquel año, las temperaturas empezaron a subir a primeros de agosto con tanta intensidad que, ante nuestro asombro, un día se despojó de la americana, el siguiente del chaleco y, por último, de los zapatos y los calcetines, de forma que seguía nuestras evoluciones en el agua, con los pies descalzos, reloj en mano, los pantalones arremangados, en camisa y tirantes. La temperatura seguía sin ceder, de manera que por las tardes permanecíamos en casa, con las verdes persianas bajadas, oyendo las piadas agobiadas de los gorriones en las acacias del chalé contiguo. Al tercer día, mi hermano menor, al oír el pío-pío lastimero de los pájaros, miró a mi padre y le dijo con sonrisa intencionada: «¿Por qué cantarán así los pájaros?». Mi padre la cazó al vuelo y respondió sin vacilar: «¿Quién sabe? A lo mejor se están asfixiando». Y como mi hermano continuara interrogándole con la mirada, añadió: «Si el tiempo sigue así, mañana me bañaré».

Al caer el sol, salió de compras con mi madre, mientras los hermanos comentábamos excitados la novedad: «Papá se va a bañar mañana, ¿qué dirá don Julio?». Pero don Julio no tuvo oportunidad de decir nada, porque mi padre y mi madre marcharon lejos del bullicio, a la vera del espigón, y, una vez allí, mi padre se desprendió de su albornoz y apareció con un bañador listado de azul, de media manga, comprado la tarde anterior, se metió en el mar, descarnado y cauteloso, y cuando el agua le alcanzó la cintura, se acuclilló y se puso a nadar, con una braza académica, aburrida, fría, poco excitante, resoplando a cada brazada como una locomotora. Y cuando dos minutos más tarde salió del agua, tan blanco, tan delgadito y anticuado, con sus brazos entecos sin bíceps, y mi madre le ayudó a ponerse el albornoz, los hermanos nos miramos un poco abochornados; pero Adolfo, el mayor, dijo en una tentativa de restaurar nuestra moral:

— A braza nada mejor que don Julio.

Y yo, que no entendía de estilos, me sentí muy confortado con sus palabras y exclamé en plena exaltación:

— Si no se enfriase podría ir nadando hasta la Isla de los Conejos.

En torno al texto

— Recrea una experiencia, personal o inventada, de caída de un ídolo: tu maestro/a, una actor de cine, etc.

Javier Delgado nació en Zaragoza (España) en 1953. Periodista y poeta, ha publicado dos libros de cuentos.

SANTIAMÉN

Érase una vez una niña huérfana, tan pobre tan pobre que por no tener no tenía ni nombre. La gente le decía: «¡niña, esto!, ¡niña, lo otro!, ¡niña, ven aquí!, ¡niña, vete allá!», o lo que quisieran decirle, pero sin nombre. Sin nombre y sin nada, lo que más le hacían era mandarla a hacer recados, sobre todo las señoras, que siempre necesitaban un hilo del cinco, o una goma de braga, o un botón de cuatro agujeros exactamente igual a la muestra que le daban, aunque el de muestra tuviera sólo dos. «Uno como éste, pero con cuatro agujeros», le decían, y ella, cuando le tocaba la vez en la mercería, repetía a la dependienta: «uno como éste, pero con cuatro agujeros». La dependienta sacaba una caja redonda y plana, de hojalata, removía allí dentro haciendo un ruido disparatado y al final extraía un botón, que envolvía en un papel blanco, transparente y oloroso. «Toma», le decía, «que ya me quedan pocos». Siempre le quedaban pocos, a la dependienta de ojos de canela en rama.

Esa era, un día sin otro, la ocupación de la niña. Además, una vez por semana, todo y con ser pobre, tenía que ir al catecismo, con las demás niñas del pueblo. Entre ellas era una más, un poco más delgadurria, si acaso; nadie hubiera notado nada especial en ella. Pero el señor cura, que sabía que la niña no tenía nombre, se ponía nervioso nada más verla entrar en la iglesia y coger agua bendita para ella y para la siguiente. Decía el señor cura, para sus adentros: «a esa niña la bautizo yo, aunque me cueste el cargo». ¿Qué necesidad tenía la niña de que el señor cura la bautizara? Ninguna. Pero quizás era cierto que, como decía el señor cura a las señoras de los domingos, una niña así, sin nombre, era un mal ejemplo para todo el mundo y más en un pueblo. «Porque», decía, «hay que mirar mucho estas cosas...», y, desde luego, a las señoras de los domingos les parecía muy acertada su bendita opinión; a ellas, que miraban mucho casi todo.

Así que un día el señor cura le dijo a la niña que después de la doctrina que se esperara, que la iba a bautizar. La niña se lo dijo inmediatamente a todas las demás, que se pusieron muy alborotadas y decían pues que a ellas también. Cuando terminó la doctrina el señor cura hubo de explicarles a todas las niñas que ellas, no así aquella pobrecita, estaban ya bautizadas, como constaba en los pliegos del registro parroquial, cada una en su fecha correspondiente; así que no andaran con bobadicas, que les daría un coscorrón. Que a correr a la plaza, y que dejaran a la niña pobre un rato sola, para que él la bautizara en un santiamén.

Cuando salieron, el señor cura le acarició a la niña la punta de la cabeza con unos dedos salchichudos, duros, como de madera mojada. Luego se puso ropas, cogió una palanganita brillante de la sacristía y con la niña de la mano fue hasta la pila del agua bendita. Le dijo a la niña: «Estate quietecita, que te bautizo». Casi no había terminado de decir esto cuando le echó por la cabeza un chorro de agua bendita que asustó mucho a la niña, además de ponerla toda perdida. La niña se echó a llorar y entonces el señor cura, tranquilamente, sacó un caramelo de mandarina de su barriga y se lo dio con una sonrisa que tenía muy ensayada. La niña deslió el caramelo y se lo metió en la boca aprovechando un hipo. Con todo el pelo mojado y las mejillas calientes del susto y de llorar salió a la plaza más que corriendo.

Entonces cayó en la cuenta el señor cura de que no le había

puesto nombre a la niña. ¿Cómo pudo olvidarse? Es que era muy viejecito, el señor cura, y en vez de decir las palabras de bautizar había dicho las de lavarse las manos en misa, eso de «inter innocentes manus meas...», que le gustaba lo que más. Salió corriendo a saltitos el señor cura a la plaza, detrás de la niña. Para cuando llegó donde estaban todas las niñas arremolinadas alrededor de la pobre, oyó que todas la llamaban «Santiamén», lo que le dio tanta risa que tuvo que sacar el pañuelo para secarse los ojos.

Al día siguiente todo el mundo llamaba a la niña «Santiamén», y les hacía gracia. Menos a una señora, que no hacía más que decir que bastante tenía la pobre con lo que tenía, para que le llamaran de esa forma. Pero nadie le hacía ningún caso, porque esa señora siempre veía las cosas por el lado malo.

En torno al texto

— En España hay nombres de moda que son como una especie de pista cronológica de la gente que los lleva; así Vanessa será, seguramente, una niña nacida en la década de los 80. ¿Sucede lo mismo en tu país?

Manuel Pilares nació en 1921 en Pola de Lena,(Oviedo, España). Trabajó en muy diversos oficios y luego se dedicó a escribir guiones de cine, cuentos y poesía.

ESE NIÑO GORDO A QUIEN SUS PADRES COMPRARON UN BALÓN

Ese niño gordo a quien sus padres compraron un balón es el único niño aburrido que hay en el grupo. Sus amigos se han dividido en dos bandos, han puesto las chaquetas en montones para señalar las porterías y se han liado a dar patadas al balón.

Ese niño gordo no tiene otra misión que la de vigilar las chaquetas. No puede distraerse con las incidencias del partido; no puede merendar mientras los demás juegan; ni siquiera puede aplaudir una jugada. Si aplaude, o protesta una jugada, los que van perdiendo le zumbarían. Y si les dice: «¡El balón es mío!», le pegarían también los que van ganando.

Ese niño sabe que aun en el caso de que no le pegasen, jamás podrá decir: «¡El balón es mío!» Sus amigos le volverían la espalda, y él se quedaría solo, con el balón bajo el brazo, sintiendo un peso tremendo en el estómago, como si el aire del balón se hubiera convertido en plomo, como si encima de la barriguita le hubiera crecido otra.

Los niños gordos a quienes sus padres compran balones son niños condenados a sonreír beatíficamente y a callar.

— Ve a casa y tráete el balón.

— Lárgate con el balón y déjanos en paz.

— ¡Pues guárdate el balón donde las gallinas guardan el huevo!

Yo he visto a un niño gordo acercarse al Viaducto. Miraba receloso, como si quisiera cerciorarse de que nadie le seguía.

Cuando vi que llevaba un balón sospeché en un posible intento de suicidio. Me acerqué corriendo. El niño me miró ruborizado.

— Voy a tirar el balón —me dijo con voz grave y dulce—. Estoy de balón hasta aquí.

— ¿Es que no te gusta jugar al balón?

— Sí. Me gusta. Pero no me gusta jugar solo.

— ¿Y por qué no juegas con tus amiguitos?

— No quieren.

El niño desató la correa del balón y lo desinfló.

— ¿Para qué lo desinflas?

— No quiero que baje vivo; no quiero que vuelva de un bote otra vez a mí; no quiero.

EL niño tiró el balón como quien tira una alpargata. El balón hizo «¡plaf!» allá abajo, pero el niño no tuvo pena, porque le había desinflado para que bajase muerto, y así, no sintiera el golpe.

— Tenía que deshacerme de él.

— Comprendo.

— No. No comprende usted. Yo estaba dispuesto a no jugar en mi vida al balón. Pero mis amigos no consentían que me quitase la chaqueta ni para vigilar las suyas. Decían que me la quitaba para que la gente creyese que estaba jugando. Decían que...

El niño rompió a llorar. Nos rodearon unos transeúntes.

— ¿Qué le pasa a ese niño?

Yo contesté:

— El balón.

Y para no mentir, señalé a la calle de abajo, como dando a entender que se le había perdido en ella.

Los transeúntes comentaron a coro:

— No llores, niño. Tu papá te comprará otro balón. No llores, niño. Tu papá te comprará otro balón...

El niño lloraba inconsolable.

— ¡No llores, niño! ¡Tu papá te comprará otro balón!

Bañados de lágrimas, rodeados de lágrimas, los ojos del niño me miraban espantados. Estuve por decirle: «Vamos, tranquilízate, a lo mejor tu papá no te lo compra». Pero el grupo de transeúntes había aumentado de manera peligrosa. Y un señor de aire arrogante y decidido, proponía en voz alta:

— ¡Compremos inmediatamente un balón para este niño: ¡Pongo cinco duros! ¡A ver! ¡Comprémosle entre todos un balón!

En torno al texto

— Continúa el cuento. ¿Dicen la verdad a los transeúntes? ¿El niño se escapa corriendo? ¿Le compran el balón y la historia se repite?

Antonio Hernández nació en Arcos de la Frontera (Andalucía, España) en 1943. Poeta, ensayista, novelista, autor de «Goleada», libro de relatos breves de fútbol.

MI PRIMO PEPITO EL RANA

Pepito el Rana era moreno como un tronco de olivo y venía por la fonda de mi abuela a buscarme porque si él no estaba yo no comía y, desde luego, mucho menos comía él. Se lo decía a mi madre: *como se vaya Pepito, no como*.

Pepito el Rana era mi primo pobre, mi primo segundo más cercano a mis cosas que mis primos primeros, que vendía chucherías en los cines y por las calles: pepitas saladas, caramelos y chicles. Su madre, Manolita Martín, cantaba cuplés y era una Estrellita Castro atareada en los zurcidos de sus nueve ranitas, atareada en que Pepito, que era quien aportaba algo a la olla deslucida, no se levantara del colchón el último porque el último que se levantaba no se vestía. Pepito iba por las calles con su cajita llena de golosinas colgada del cuello por una guita áspera que le había hecho una llaga en el cogote, y pregonaba su mercadería dulce y salada como quien se sabe portador de todos los deseos menos de los suyos. De cuando en cuando me daba un caramelo que le había salido de más al liquidar sus cuentas con el Ronco, su patrón también más pobre que el corral de una tonta. Y me decía: *primo, no lo masques; que dure*. Pepito estaba siempre mirando, con su cajita colgada y limitándole el corazón, cómo los otros niños jugábamos al fútbol o cómo entrábamos a la iglesia para la Catequesis. El se quedaba mondo de esperanzas, pero por la noche, aunque no le echara cuenta, en el cine, era el rey de la atención al encenderse la luz del descanso y, simultáneamente, encenderse su voz con ofertas de miel y de sal.

Yo lo quería con mucha pena y con la devoción triste de un penitente de Semana Santa. Lo quería por su cajita opresora, por la cadena de la cuerda que lo tenía siempre atado a todo menos a la infancia. Y un día busqué dinero por las faltriqueras de mi madre, por las gabardinas de los huéspedes de la fonda o por no sé dónde y le dije: *Pepito ¿cuánto vale todo lo que llevas en la caja?* Con una ojeada, más que de rana, de lince, me contestó: *nueve duros. ¿Y la caja?*, le insistí. Eso vale diez pesetas, respondió. Conté hasta cincuenta y cinco entre rubias y otras perlas; le di los once *pelotes* y puse el tiesto en el suelo. Le dije: *primo, dispara.*

Él, que nunca marcó goles, llenó el aire de balones de colores en la tarde: caramelos y altramuces, pepitas y chocolates que, aquel día por lo menos, no iban a ser su amargura.

En torno al texto

— A veces decimos que daríamos todo lo que tenemos por cosas, a lo mejor, mínimas, pero de gran importancia para nosotros. Intenta recordar a qué caja de chucherías has querido alguna vez dar una patada y si lo has conseguido. Nárralo.

Manuel RIVAS

EL AMIGO TOM

El padre preguntó: ¿Quién es Tom?

La niña, que cuando le pedían los años enseñaba dos deditos, dijo: Ahí, papá, ¿no lo ves?

La pequeña regordita lo dijo con mucha seguridad e incluso señaló un lugar entre las losas del muelle, cubiertas por la luz triste de las escamas.

Ah, claro, dijo el padre. Y sacudió la cabeza.

El niño, que cuando le pedían los años enseñaba ya, orgulloso, cuatro dedos, miró con complicidad al padre y se encogió de hombros como un hombrecito.

En la dársena había una torre de tablas de las que utilizan los viejos constructores de dornas que aún se resisten al traslado, pues está en proyecto abrir allí una galería comercial. Mirad, dijo el padre, ahí está el castillo.

Quiero subir, dijo el niño.

El castillo de madera medía lo que un hombre con los brazos en alto.

Izó también a la niña. Cuidadito, dijo el padre, mucho cuidado.

Quiero una espada, papá, dijo el niño.

Una espada, papá, pidió también ella.

El padre echó un vistazo por los alrededores. Les pidió otra vez que no se moviesen y corrió a las gradas del antiguo astillero. Encontró dos varillas de cohete. Allí van a caer después de dejar una estela de estampido y luminarias en los dos cielos de la ciudad.

Aquí tenéis las espadas, dijo con una sonrisa.
¿Y Tom?, preguntó la niña. Tom no tiene espada.
El niño y el padre se miraron.
Ah, claro, dijo él, falta la espada de Tom.
Corrió a buscar otra varilla y la posó sobre la plataforma. La niña sonrió, satisfecha, alzó la suya y gritó: Al-ataqui. El niño hizo lo mismo, pero de pronto miró hacia el padre.
Es más grande, dijo.
¿Qué es lo que es más grande?, preguntó el padre.
La espada de Tom. Es más grande que la mía.
El padre cogió la tercera vara y la cambió por la del niño. Pero entonces la niña se echó a llorar.
¿Qué pasa ahora?, preguntó el padre.
La mía es más pequeña, dijo la niña.
El padre, entonces, le dio la que había pertenecido al niño y dejó la suya sobre la madera.
Soy el dragón, dijo el padre.
Los niños dirigieron hacia él sus armas de juguete.
Ahora, vais a perseguir al dragón, dijo el padre. Los bajó de la torre de madera y echó a correr hasta esconderse tras el esqueleto de una dorna a medio hacer. Los niños se fueron acercando con ademanes de espadachín. El padre asomó la cabeza y soltó un grito ronco.
Soy el dragón del fuego rojo, dijo el padre.
No, dijo el niño, eres un ogro.
Vale, soy un ogro.
No, no quiero que sea un ogro, dijo la niña.
Puedo ser un dragón-ogro, dijo el padre conciliador.
Los niños tenían la espada baja y parecían estudiar si era aceptable un monstruo de esa clase.
La niña volvió de súbito la cara a la torre de madera.
¡Tom! Papá, dijo llorosa, Tom se va a caer.

El padre corrió hacia el castillo e hizo ademán de rescatar a Tom.

¡La espada, la espada de Tom!, gritó la niña.

¿Qué os parece si llevamos a Tom en barca?, dijo el padre, ya de vuelta.

Sí, sí, venga, dijo el niño entre las cuadernas de la futura dorna. Vamos a pescar.

Pescaremos un pez grande, dijo el padre.

Tiburones, dijo el niño.

Ballenas, dijo la niña.

Mi caña es la más grande, dijo el niño. ¿A que sí?

Claro que sí, dijo el padre, pero la de la nena también es grande.

Y la de Tom, dijo la niña. ¿La de Tom es grande?

Sí, todas las cañas son muy grandes, dijo el padre.

¡Mi caña, mi caña!, gritó el niño. Se le había caído al suelo e intentaba recuperarla estirando los brazos.

¡Cuidado, puedes caer al mar y hundirte!, dijo el padre con el mismo tono de alarma. Le pidió entonces la suya a la niña y con la tercera caña hizo una tenaza para coger la que había caído. Ya está, dijo el padre, agárrala bien, los pescadores tienen que sujetar muy bien la caña.

Vale, dijo el niño, y apretó las manos y la boca mirando al mar de piedra.

¡Una ballena!, gritó la niña. Papá, una ballena. Mira, Tom, he cogido una ballena.

El padre abrió los brazos al aire e hizo fuerza para izar la pieza.

¡Papá, papá!, gritó el niño. ¡Los tiburones, han venido los tiburones!

El padre ayudó al niño a coger la caña y tiraron lentamente como si una fuerza arrastrara desde el suelo.

¡Ah, al fin!, dijo el padre. ¡Vaya animal!

¿A que es más grande mi tiburón que la ballena?, dijo el niño.

Tan grande, no, pero es más fuerte que una ballena. Y más peligroso.

¡Papá, papá!, gritó de nuevo la niña, Tom ha cogido el pez grande. ¡Ayúdale, papá, ayúdale!

Pues sí que es grande el pez de Tom, dijo el padre.

¿A que no es tan fuerte como mi tiburón?, preguntó el niño.

No, ratificó el padre, no es ni tan fuerte como tu tiburón ni tan grande como la ballena de la nena.

A la dársena se acercó una lancha de prácticos con su piloto de luz verde. En los tejados de la ciudad alumbraban los anuncios de los bancos.

Es tarde ya, dijo el padre. Tenemos que dejar de pescar.

Cogió a la niña en brazos y dejó que el niño fuera delante, hiriendo el viento con su varilla que volvía a ser espada. Anduvieron diez minutos y cuando se acercaban a casa, la niña se echó a llorar.

Papá, lloraba la niña desconsolada, nos hemos dejado a Tom en la lancha. Hemos dejado a Tom solo en el mar.

¿Por qué llora la niña?, preguntó la madre.

Nada. Tiene sueño, dijo el padre.

En torno al texto

— Inventa una conversación entre la niña y Tom, su amigo imaginario.

Alvaro Cunqueiro nació en Mondoñedo (Galicia, España) en 1911 y murió en 1981. Escribió en gallego y en castellano. Es un novelista de una gran fantasía.

EL ALMA DE SOUTO DE LIRES

Yo conocí a Souto de Lires allá por el año treinta, más o menos. Tendría él los veinte cumplidos. Se llamaba Manuel Berdía González. Su padre era el dueño del molino de Lires. Manoeliño nació con la cabeza algo ladeada, el brazo derecho más corto que el izquierdo y el pie izquierdo ladeado. Al defecto de la cabeza no le daba mucha importancia. Por aquel tiempo había comprado un sombrero gris en Mondoñedo, que tras alguna jornada en una horma preparada al efecto, lograba poner el sombrero de frente, es decir, en la vertical del cuerpo, aunque llevase la cabeza torcida hacia la derecha. Tampoco se la daba a la cortedad del brazo derecho. Estimaba que para cavar, la escopeta y la guitarra, adiestrándose, aún podía favorecer. En cambio, lo que lo traía muy disgustado era lo del pie izquierdo.

— ¡No me lo merezco, coño!

Cuando le correspondió ir al servicio militar, confiaba en que lo diesen útil, para caballería o artillería.

— A caballo, el pie no se nota, y para estar al pie de un cañón, también sirvo.

Pero lo dieron inútil total. Una moza de Sandiás no lo quiso, pese a que los Souto de Lires tenían fama de ricos. Fue entonces cuando Manuel comenzó a amurriarse, abandonó el sombrero, andaba solo por los caminos, pasaba semanas enteras en cama. El ladeo de su pie izquierdo era un ataque al orden cósmico, físico y moral. Cuando Dios echó a Adán y Eva del Paraíso les dijo que ganarían el pan con el sudor de su frente, pero no les dijo: «¡habrá cojos entre vosotros!». ¿Y si no lo dijo y lo pensó? ¡Vaya joda! Filosofando, Souto de Lires llegó a un franco ateísmo. Para colmo de desgracias, se le pusieron unos golpes en el pecho que no lo dejaban dormir. Los médicos no le acertaban, y Manuel Berdía, Souto de Lires, se moría. Llamaron al cura del Seixo, que era un gran cazador, quien tuvo con Souto grandes conversas. Parece ser que quedaron en que en el otro mundo no hay diferencias corporales, mayormente, y las cojeras no las hay, y si las hay, no se notan.

— ¿Se sabe? —preguntaba Souto al cura.

— ¡Hombre, no es que esté escrito! ¡No es dogma!

Creo que el señor cura del Seixo, por salvar dificultades, llegó a citar a Orígenes, quien opinó que los cuerpos de los gloriosos todos, tienen forma esférica, ya que el estado de pura perfección pide la perfecta forma, la cual, desde Pitágoras y Platón, es la esfera. Souto confesó y comulgó. Estaba muy inquieto y callado en su cama, y al parecer meditando si habría fotógrafos del otro lado, para poder mandarle una foto suya, en forma esférica, a la moza de Sandiás que tan ostensiblemente lo había rechazado. Y un día, al caer de la tarde, otoño era que volaban las hojas secas en el camino del molino, Manuel se murió.

Pasaron dos o tres años. Era por San Martín, y el cura de Seixo iba al patrón, a Teixeiro. De un campo de nabos que había a la izquierda del camino, vino volando un cuervo, que se posó a dos cuartas del cura. Don Perfecto Illade Morante miró bien para él, porque le recordaba a alguien. ¡Claro, a Souto de Lires! Tenía la cabeza ladeada, un ala más corta que otra y la pata izquierda torcida.

— ¿Qué haces por aquí, Manoeliño? —preguntó el clérigo.

— ¡Volando no hay cojos! —gritó el cuervo.

Y se fue, por encima de las nabegas, hasta la carballeira de Mesías, en vuelo sin reproche. Fue muy comentado el caso en el país. Tanto que don Perfecto, el cura del Seixo, se vio obligado a decir desde el púlpito:

— En primer lugar, hermanos, los caminos del Señor son imprevisibles. En segundo lugar, ya dice el refrán que el que la sigue la consigue. ¡Oremus por el alma de nuestro amigo Manuel!

En torno al texto

— En todos los folklores hay cuentos de transformaciones físicas, en vida o después de la muerte. Busca uno de tu país y cuéntalo al modo de éste.

Camilo José Cela nació en Iria Flavia (Galicia, España) en 1916. Es el gran escritor español de este siglo. En su obra destacan novelas y libros de viaje. En 1989 recibió el Premio Nobel de Literatura.

DON HOMOBONO Y LOS GRILLOS

Don Homobono vivía en la vieja ciudad de sus abuelos. Era un filósofo rural, verdaderamente lo que se llama un filósofo rural; se le notaba en el pantalón, de pana, que no era color de aceituna, como los vulgares pantalones de pana del alcalde o del jefe de la estación, sino color de conejo de raza, de un gris perla de ensueño, tornasolado, con las irisaciones más bellas por aquellos sitios donde el roce de tantas jornadas había dejado su huella indeleble.

Don Homobono era amante de las flores, de los prados, de los pájaros del cielo, de los insectos que el Señor crió para que se metieran por los agujeritos del suelo y por las grietas de las piedras.

Cuando algún mozuelo volvía hacia las casas con un nido en la mano, o con algún grillo metido en una lata, o con un par de saltamontes en el bolsillo de la blusa, huía siempre de don Homobono, que, indefectiblemente, ordenaba volver la libertad al prisionero.

— ¿Te gustaría que hicieran eso contigo? —les decía.

El argumento no tenía vuelta de hoja. A ninguna criatura le gustaría que hicieran con ella la mitad de las cosas que ella hace con los grillos. Sin embargo, don Homobono, como queriendo dar mayor fuerza a su razonamiento, añadía entre condescendiente y orgulloso:

— Pues ya ves. Si la madre naturaleza quiere...

Don Homobono se quedaba como cortado. Era que se solazaba con la idea de lo que iba a decir.

— Pues si la madre naturaleza quiere, hace lo mismo contigo.

Don Homobono sonreía satisfecho. El chiquillo lo miraba absorto. Verdaderamente, don Homobono tiene razón —pensaba—. Lo mejor será soltar el grillo. ¡Mira que si a la madre naturaleza se le ocurre! No, más vale no pensar en ello.

El grillo caía al suelo, levantaba al aire sus cortas antenas y corría a esconderse debajo de la primera mata.

* * *

Las noches de agosto son lentas y pesadas como losas, aun en aquella ciudad, estación veraniega.

Don Homobono, completamente desvelado, estaba nervioso.

¡Ese grillo!

El grillo, como si no fuera con él, seguía con su monótona canción, con aquella triste salmodia con la que ya llevaba tres horas largas.

— ¡Cri, cri...! ¡cri, cri...! ¡cri, cri...!

Don Homobono, el filósofo rural de los pantalones de pana, estaba desazonado. Verdaderamente, la cosa no era para menos. El grillo seguía con su ¡cri, cri! desesperadamente; con su ¡cri, cri!, que contestaba al ¡cri, cri! del grillo de la huerta, al ¡cri, cri! del grillo de la carretera, al ¡cri, cri! del grillo del vecino prado, al ¡cri, cri!... ¡No, imposible! ¡No se puede seguir así!

Don Homobono se levantó como una furia del Averno. Encendió la luz... Allí, en el medio de la habitación estaba el grillo gritando estúpidamente ¡cri, cri!, ¡cri, cri!, como si eso fuera muy divertido.

Al principio pareció como no darse cuenta. Después se paró, dijo un poco más bajito su ¡cri, cri!, dio unos cortos pasitos...

Don Homobono con la imagen del crimen reflejada en su faz, con la mirada ardiente, el ademán retador y una zapatilla en la mano, se olvidó de sus prédicas y...

El grillo, despanzurrado, parecía uno de esos trozos de medianoche que quedan, tristes y abandonados, en el suelo después de los bautizos.

En torno al texto

— Don Homobono se ha saltado a la torera sus teorías, los chicos del pueblo se han enterado, han redactado un escrito que lo explica y lo leen en público. ¿Cómo podría ser tal escrito?

LA PIMPOLLADA DEL PÁRAMO

Todo eso es de la parte de poniente, camino de Pozal de la Culebra. De la parte del naciente, una vez que se sube por las trochas al Cerro Fortuna, se encuentra uno en el páramo. El páramo es una inmensidad desolada, y el día que en el cielo hay nubes, la tierra parece el cielo y el cielo la tierra, tan desamueblado e inhóspito es. Cuando yo era chaval, el páramo no tenía principio ni fin, ni había hitos en él, ni jalones de referencia. Era una cosa tan ardua y abierta que sólo de mirarle se fatigaban los ojos. Luego, cuando trajeron la luz de Navalejos, se alzaron en él los postes como gigantes escuálidos y, en invierno, los chicos, si no teníamos mejor cosa que hacer, subíamos a romper las jarrillas con los tiragomas. Pero, al parecer, cuando la guerra, los hombres de la ciudad dijeron que había que repoblar, que si en Castilla no llovía era por falta de árboles, y que si los trigos no medraban era por falta de lluvia y todos, chicos y grandes, se pusieron a la tarea, pero, pese a sus esfuerzos, el sol de agosto calcinaba los brotes y, al cabo de los años, apenas arraigaron allí media docena de pinabetes y tres cipreses raquíticos. Mas en mi pueblo están tan hechos a la escasez que ahora llaman a aquello, un poco fatuamente, la Pimpollada. Mas, antes de ser aquello la Pimpollada y antes de traer la luz de Navalejos, Padre solía subir a aquel desierto siempre que se veía forzado a adoptar alguna resolución importante. Don Justo del Espíritu Santo, el señor cura, que era compañero de Seminario de mi tío Remigio, el de Arrabal de Alamillo, decía de Padre que hacía la del otro y al preguntarle quién era el otro, él respondía invariablemente que Mahoma. Y en el pueblo le decían Mahoma a Padre aunque nadie, fuera de mí y quizá don Benjamín que tenía un Hunter inglés para correr las liebres, sabía allí quién era Mahoma. Yo me sé que Padre subió varias veces al páramo por causa mía, aunque en verdad yo no fuera culpable de sus disgustos, pues el hecho de que no quisiera estudiar ni trabajar en el campo no significaba que yo fuera un holgazán. Yo notaba en mi interior, desde chico, un anhelo exclusivamente contemplativo y tal vez por ello nunca me interesó el Colegio, ni me interesó la petulancia del profesor, ni el tablero donde dibujaba con tizas de colores las letras y los números. Y un domingo que Padre se llegó a la capital para sacarme de paseo, se tropezó en el patio con el Topo, mi profesor, y fue y le dijo: «¿Qué?» Y el maestro respondió: «Malo. De ahí no sacaremos nada; lleva el pueblo escrito en la cara». Para Padre aquello fue un mazazo y se diría por sus muecas y aspavientos y el temblorcillo que le agarraba el labio inferior que le había proporcionado la mayor contrariedad de su vida.

Por el verano él trataba de despertar en mí el interés y la afición por el campo. Yo miraba a los hombres hacer y deshacer en las faenas y Padre me decía: «Vamos, ven aquí y echa una mano». Y yo echaba, por obediencia, una mano torpe e ineficaz. Y él me decía: «No es eso, memo. ¿Es que no ves cómo hacen los demás?» Yo sí lo veía y hasta lo admiraba porque había en los movimientos de los hombres del campo un ritmo casi artístico y una eficacia palmaria, pero me aburría. Al principio pensaba que a mí me movía el orgullo y un mal calculado sentimiento de dignidad, pero cuando me fui conociendo mejor me di cuenta de que no había tal sino una vocación diferente. Y al cumplir los catorce, Padre me subió al páramo y me dijo: «Aquí no hay testigos. Reflexiona: ¿quieres estudiar?» Yo le dije: «No». Me dijo: «¿Te gusta el campo?» Yo le dije: «Sí». El dijo: «¿Y trabajar en el campo?» Yo le dije: «No». Él entonces me sacudió el polvo en forma y, ya en casa, soltó al Coqui y me tuvo cuarenta y ocho horas amarrado a la cadena del perro sin comer ni beber.

En torno al texto

— En la descripción del páramo hay varios momentos, ¿cuáles son y qué se nos va contando en cada uno de ellos? ¿Encuentras lógica para su edad la actitud del niño? ¿Estás de acuerdo con la que adopta su padre?

España Cuenta

España Cuenta

Glosario en alemán, francés e inglés

1 Este glosario por textos en alemán, francés e inglés trata de solucionar la mayor parte de las dificultades léxicas, pero de ningún modo pretende ser exhaustivo.

2 En general se traduce la palabra o expresión correspondiente, y viene indicado con el signo •. Otras veces se dan sinónimos en español, o se explican por tratarse de usos y frases peculiares o rasgos oculturales, y viene indicado por el signo *. Creemos que, así, el alumno es un protagonista más activo de su aprendizaje.

3 A cada texto se le ha marcado un nivel 1, 2, 3, con el que se intentan señalar, de modo orientativo, las, a nuestro juicio, menores o mayores dificultades léxicas, sintácticas y de contenido.

4 Lógicamente, al tratarse de textos literarios auténticos, no manipulados, la asignación de niveles no es como la de las lecturas que se ajustan a un índice léxico de frecuencia y unas estructuras morfo-sintácticas concretas. En todo caso, cualquier alumno que comienza a estudiar español entenderá enseguida textos de nivel 1. Y, al revés, textos de nivel 2 y 3 pueden convenir perfectamente para quienes ya se hallan en estadios avanzados de conocimiento.

5 El mayor o menor número de palabras traducidas o explicadas guarda relación con el nivel asignado.

6 La indicación de nivel figura también en el índice del libro.

Pág	Español	Alemán	Francés	Inglés
7, 8	YO DOS Y TÚ UNO (n.1) (Antonio RODRÍGUEZ ALMODÓVAR)			
	* picarle a uno un bicho: *expresión coloquial,* ***ocurrírsele una idea inesperada***			
	* estoy harta: *estoy cansada*			
	* no dar (alguien) su brazo a torcer: *no ceder*			
	• entierro (el)	• Begräbnis, Bestattung	• enterrement	• funeral
	• andas (las)	• Totenbahre	• brancard	• hand barrow
	* pretexto: *excusa, disculpa*			
	• cojo/a	• hinkend, lahm	• boiteux	• lame
	* comitiva (la): *el acompañamiento*			
9—11	EL PASTOR, LA SERPIENTE Y LA ZORRA (n.1) (Antonio RODRÍGUEZ ALMODÓVAR)			
	• culebra (la)	• Schlange	• couleuvre	• snake
	• amo (el)	• Herr, Gebieter	• maître	• master
	• galgo (el)	• Windhund	• lévrier	• greyhound
	* canijo/a: *pequeño y débil*			
	* achacoso/a: *lleno de dolencias*			
	• caza (la)	• Wild, Jagdbeute	• gibier	• game
	* en esto que: *expresión coloquial y propia de narraciones,* ***entonces***			
	• zorra (la)	• Füchsin	• renard	• vixen
	• amor propio (el)	• Eigenliebe, Selbstbewuβtsein	• amour—propre	• self, respect
	• carnero (el)	• Widder	• mouton	• ram
	• redil (el)	• Pferch	• bercail	• sheepfold
	* a cuestas: *a la espalda*			
	* zancas: *patas de animales u hombres cuando son largas*			
	* puñetero: *expresión vulgar,* ***fastidioso, mal intencionado***			
	• trampa (la)	• Falle	• tromperie	• pitfall
12—15	LOS CUENTOS, VAGABUNDOS (n.2) (Ana M.ª MATUTE)			
	* impenitentes: *infatigables*			
	• aldea (la)	• Dorf	• hameau	• hamlet
	• filtrarse (el viento)	• eindringen	• s'infiltrer	• to filter through
	• gemir	• seufzen, stöhnen	• gémir	• to howl
	• rendija (la)	• Spalte	• fente	• crack
	* colarse: *meterse*			
	• sutil	• fein, dünn, subtil	• léger	• gentle
	• arrebujarse	• sich einwickeln	• s'emmitoufler	• to huddle
	• granero (el)	• Getreidespeicher	• grenier	• granary
	* desvelados: *insomnes*			
	* renegado/a: *traidor*			
	• irremisiblemente	• unumgänglich	• sans rémission	• irretrievably
	* emplazada: *colocada*			
	• tez	• Gesichts, Hautfarbe	• teint	• complexion
	* moldear: *dar forma*			
	• fieltro (el)	• Filz	• feutre	• felt
	• zueco (el)	• Holzschuh	• sabot	• clog

Pág	Español	Alemán	Francés	Inglés
(12—15)	• abarcas (las)	• Bauernschuh, Riemenschuh	• sandales	• sandal
	* justillo: *corpiño*			
	* rodetes: *redondeles*			
	• bandurria (la)	• Bandurria (Musikinstrument)	• mandoline espagnole	• bandurria (type of lute)
	* zozobra: *inquietud*			
	• cuneta (la)	• Straβengraben	• fossé	• ditch
16—18	EL CUERVO (n.1) (Francisco PI Y ARSUAGA)			
	• cuervo (el)	• Rabe	• corbeau	• crow
	* terruño: *forma dialectal o afectiva de llamar a la tierra*			
	• azada (la)	• Spaten	• houe	• hoe
	* descendencia: *los hijos, nietos, etc*			
	• graznar	• krächzen, schnattern, quaken	• croasser	• to caw
19—21	LOS HÉROES (n.2) (Julio CAMBA)			
	• chapotear	• plätschern	• patauger	• to splash about
	* despojarse (de): *quitarse*			
	• folletín	• Feuilleton	• feuilleton	• newspaper serial
	* americana: *chaqueta*			
	* arduo: *difícil*			
	* reyerta: *pelea, disputa*			
	• desbocado/a	• durchgehend, zügellos	• emballé	• runaway
	* acertó a pasar: *pasó casualmente*			
	• delincuente (el/la)	• Verbrecher	• délinquant	• delinquent
	* carecer de: *no tener*			
	• entrenamiento (el)	• Unterhaltung	• entraînement	• training
	* perecer: *morir*			
	* revolver a Roma con Santiago: *hacer todo lo necesario, y más, para conseguir algo*			
	* dictamen: *sentencia*			
	* perjudicial: *dañino*			
	* afinar: *precisar, hacer algo con gran cuidado*			
22, 23	EL LEÓN ESCAPADO (n.2) (Ramón GÓMEZ DE LA SERNA)			
	* engullía: *tragaba*			
	• escupir	• spucken	• cracher	• to spit
	* raspas: *espinas*			
	• insaciable	• unersättlich	• insatiable	• insatiable
	* tripa: *familiar, vulgar,* ***intestinos***			
	* mamoncillos: *bebés, que maman todavía*			
	* mentor: *preceptor, educador*			
	• presa (la)	• Fang, Beute	• proie	• prey
	* simio: *mono*			
	* zarpazo: *golpe con la zarpa o garra*			
	* el de gracia: *se llama golpe de gracia el que remata la faena taurina, o el que, en general, acaba con la vida de un animal*			

Pág	Español	Alemán	Francés	Inglés
(22, 23)	* pandorga: *se dice así vulgarmente a la tripa, vientre. Poco usado*			
	* zamparse: *vulgar, **comer exageradamente***			
	* una figurita de mazapán: *dulce tradicional de la Navidad en España; la pasta de mazapán —almendra, huevos, miel...— se moldea en formas de animalitos*			
	• acurrucarse	• zusammenkauern, sich ducken	• se blottir	• to huddle up
	* rezaba el cartel: *decía el cartel, estaba escrito en el cartel*			
24	LA MANO (n.2) (Ramón GÓMEZ DE LA SERNA)			
	• estrangular	• erdrosseβn, ersticken	• étrangler	• to strangle
	* no era de suponer: *no podía suponerse*			
	* pista: *indicio, ayuda para solucionar cualquier problema*			
	* despavorido/a: *lleno/a de miedo, de pavor*			
	* Jefatura: *entiéndase la Jefatura de Policía*			
	• araña (la)	• Spinne	• araignée	• spider
	• juez (el/la)	• Richter	• juge	• judge
	* vigoroso/a: *fuerte*			
	* radicar: *tener raíz, asentarse*			
	* arrojar: *dar, proporcionar*			
	* sentenciar: *juzgar*			
	* vilmente: *de modo vil, traidor*			
	• ensañamiento (el)	• Wut	• acharnement	• tenacity
	• disección	• Zergliederung	• dissection	• dissection
25	POR FIN, EL CRIMEN PERFECTO (n.2) (Ramón GÓMEZ DE LA SERNA)			
	* consternado/a: *muy triste*			
	* pesquisa (la): *pista, indicio, posibilidad de investigación*			
	• orangután (el)	• Orangutan	• orang—outan	• orang—outang
	• navaja de afeitar (la)	• Rasiermesser	• rasoir	• razor
	* alcoba (la): *dormitorio*			
	* ventana de reja: *ventana enrejada*			
	* dotada de: *con, provista de*			
	* eficaz: *seguro*			
	• meticulosamente	• gewissenhaft, sehr genau	• mêticuleusement	• meticulously
	* rastro (el): *huella*			
	• zurdo/a	• linkshändig	• gaucher	• left, handed
	* inferirse: *darse*			
	• puñalada (la)	• Dolch (stich)	• coup de poignard	• stab
	* en decúbito: *expresión judicial hoy en día, **tumbado***			
	* enrevesado/a: *complicado, difícil*			
26—29	LOS VECINOS DEL PRINCIPAL DERECHA (n.3) (Enrique JARDIEL PONCELA)			
	* principal (el): *en España se llama así a veces al primer piso de una casa*			

Pág	Español	Alemán	Francés	Inglés
(26—29)	* pródigo/a: *generoso/a*			
	* colocación (la): *puesto de trabajo*			
	* Palermo: *parque de la ciudad de Buenos Aires*			
	* cuarto: *piso, apartamento*			
	* molicie: *lujo, comodidad excesiva*			
	* muchacha sin compromiso: *mujer soltera y libre*			
	* piano de manubrio: *conocido sobre todo en Madrid, por* ***organillo*** *Piano mecánico que se acciona con una pieza llamada manubrio*			
	* *sustentar: sostener*			
	• tromba (la)	• Wasserhose, Wolkenbruch	• trombe	• whirlwind
	* gardenias pútridas: *el autor juega con nombres de perfumes franceses, alterándolos, e introduce palabras en francés o en inglés para dar al relato un aire snob, de acuerdo con la moda del momento; en este caso,* ***gardenias podridas de Lelong***			
	* destocada: *descubierta*			
	• ópalo (el)	• Opal	• opale	• opal
	* chinelas amaranto: *zapatillas sin talón, de color rojo anaranjado*			
	* deshabillé de charmeuse: *el autor parece indicar una bata de casa especialmente vistosa*			
	• terciopelo (el)	• Samt	• velours	• velvet
	* risa de sordo: *otra divertida y extraña definición de Jardiel*			
	• intromisión (la)	• Einmischung	• intromission	• intrusion
	• liga (la)	• Bund, Strumpfband	• jarretelle	• suspender
	• pliegue (el)	• Falte	• pli	• pleat
	* tirantez: *rigidez*			
	• tila (la)	• Lindenblüte	• tilleul	• lime tea
	• azahar (el)	• Orangen, Zitronenblüte	• fleur d'oranger	• orange blossom
	* increpando: *hablando violentamente*			
	• displicente	• verdrieβlich, mürrisch	• nonchalant	• indifferent
	* bargueño (el): *mueble antiguo, con muchos pequeños cajones*			
30—33	TORERO CON TORO PROPIO (n.2) (Miguel MIHURA)			
	* repajolera: *familiar,* ***maldita,*** *pero dicho en tono festivo*			
	* capea (la): *festejos taurinos de poca importancia; pueden ser sólo faenas con la capa o verdaderas corridas en miniatura, con muerte de novillos*			
	* enfiteusis (la): *evidentemente, la complicación jurídica de la explicación no ayuda mucho a saber el significado de esta palabra, Mihura juega así con nosotros, sus lectores*			
	• embestir	• angreifen	• charger	• to charge
	* cédula: *tarjeta de identificación*			
	* licencia de toro: *expresión cómica, inventada sobre* ***licencia de armas****, es decir,* ***derecho de usar armas***			
	• agobiar	• (unter) drücken	• accabler	• to burden
	• desaprensivo/a	• rücksichtslos, unverschämt	• sans—gêne	• unscrupulous
	* banderilleros: *en el lenguaje taurino, quienes ponen las banderillas al toro*			
	* mozo de estoques: *en el lenguaje taurino quien está al cuidado del torero y de sus espadas*			
	* pitillera: *estuche para pitillos, es decir, cigarrillos*			
	• calabozo (el)	• Verlies	• cachot	• prison cell
	* callejón: *en el lenguaje taurino, pasillo de salida y entrada de los toreros*			
	* botijo: *cacharro típicamente español, de barro, para mantener el agua fresca*			

Pág	Español	Alemán	Francés	Inglés
(30—33)	* capacho: *cesto para llevar comida u objetos en general*			
	* picadores: *en el lenguaje taurino, quienes pican o alancean al toro*			
	* lidia: *corrida*			
	• bastidores (los)	• kulissen	• coulisses	• wings
	* matador: *torero*			
	* cuadrilla: *en el lenguaje taurino, el equipo que acompaña al torero*			
	* el cuarto de la fonda: *la habitación de la pensión*			
	• enagua (la)	• Unterrock	• jupon	• petticoat
	* lumbar: *de los lomos*			
	* tafetán: *tela que se colocaba hace tiempo sobre las heridas para protegerlas*			
	* jalear: *animar*			
	* faena: *en el lenguaje taurino, cada una de las partes de la lidia o la lidia completa*			
	* tendido: *galerías descubiertas —de sol o de sombra— cerca de la barrera en una Plaza de Toros*			
34—37	MONEDA FALSA (n.2) (José LÓPEZ RUBIO)			
	• rodillo (el)	• Walze	• rouleau	• ink roller
	• prensa (la)	• Presse	• presse d'imprimerie	• printing press
	• tirada (la)	• Auflage	• tirage	• printing edition
	* castillete: *montón*			
	• meterse en la boca del lobo	• sich in höchste Gefahr begeben	• se jeter dans la gueule du loup	• to put one's head in the lion's mouth
	• catador/a	• Koster	• connaisseur	• connoisseur
	• flequillo (el)	• Stirnfransen	• frange	• fringe
	* canto: *borde*			
	* jugarse el todo por el todo: *arriesgarse por completo*			
	* la macúla: *el fallo*			
	* el talón de Aquiles: *el punto débil*			
	• clandestino/a	• heimlich	• clandestin	• clandestine
	* colar: *meter ilegalmente*			
	* transacción: *operación comercial*			
	* novelesca: *aficionada a las novedades*			
	* devociones: *prácticas y creencias religiosas*			
	* los billetes de 1.000...: *temática taurina*			
	* los de 500...: *temática religiosa*			
	* jaculatoria: *breve oración*			
	* Somatén: *milicia de Cataluña*			
	* los de 50: *temática futbolística*			
	* profusión: *variedad*			
	* monedero falso: *falsificador de moneda*			
	• sucursal (la)	• Zweigstelle	• agence	• branch office
	* perito: *experto*			
	* folletín: *libro de pocas páginas que, generalmente, es parte de una obra coleccionable más amplia*			
38—40	EL AMOR QUE NO PODÍA OCULTARSE (n.2) (Enrique JARDIEL PONCELA)			
	• fieltro (el)	• Filz	• feutre	• felt
	* tarareé: *canturreé*			

Pág	Español	Alemán	Francés	Inglés
(38—40)	* cuplé: *canción popular española de principios de siglo*			
	* romanza: *composición musical cantable y sencilla*			
	* parroquiano: *cliente*			
	* Libro de Caja: *lenguaje administrativo,* ***el libro donde se registran los datos económicos***			
	* letra redondilla: *en la caligrafía a mano es un tipo de escritura*			
	* pelmazos: *lenguaje coloquial,* ***tipos pesados***			
	* Empíreo: *exageración, equivale a decir* ***''el Paraíso''***			
	• apremiar	• drücken, drängen	• harceler	• to urge
	• mimosamente	• schmeichelnd, zärtlich	• de façon caline	• coyly
	* arrostrar: *enfrentar*			
41—44	EL AMIGO DE ÉL Y DE ELLA (n.1) (Miguel MIHURA)			
	* majo/a: *término usado sobre todo en Aragón, de sentido siempre positivo,* ***bonito, cariñoso, bueno, etc.***			
	* saber de muy buena tinta: *saber con mucha seguridad, de buena fuente de información*			
	• bostezar	• gähnen	• bâiller	• to yawn
	* tedio: *aburrimiento*			
	• mimbre	• Korbweide	• osier	• wicker
	* en Recoletos, en Rosales o en la Castellana: *lugares de reunión al aire libre en Madrid*			
	• enroscar	• sich herumwickeln	• enrouler	• to twine
	* inverosímilmente: *increíblemente*			
	• tertulia	• Abendgesellschaft	• réunion entre amis	• social gathering
	* meter la pata: *familiarmente,* ***equivocarse***			
	* rumboso/a: *generoso, buena persona*			
	* alborozados: *contentos*			
	• menudear	• oft wiederholen	• multiplier	• to be frequent
45—47	UN MILLÓN DE VACAS (n.1) (Manuel RIVAS)			
	• estampado/a	• bedruckt	• imprimé	• printed
	• chal (el)	• Schal, Umlegetuch	• châle	• shawl
	• marquesina (la)	• Glas, Regen, Sonnen	• marquise	• bus, shelter
	* con resolución: *con aire decidido*			
	• lechuza (la)	• Eule	• chouette	• owl
	• de concha	• aus Perlmutter	• en écaille	• tortoiseshell
	* acomodarse: *instalarse*			
	* ahuecarse: *ponerse hueco*			
	• ajeno/a	• fremd	• indifférent	• unaware
	• intruso/a	• Eindringling, unqualifiziert	• intrus	• intrusive
	* coche de línea: *autobús*			
	* vez: *cita, hora*			
	• achaques (los)	• Gebrechen	• infirmités	• ailments
	* sois un caso: *sois raros, excepcionales*			
	* nuera: *la esposa del hijo*			
	* descarada: *mal educada y arrogante*			
	* Vd. métase en lo suyo: *familiar, vulgar,* ***ocúpese de lo suyo***			
	* medianera: *alguien o algo que está en medio*			
	* la Residencia: *abreviación de* ***la Residencia de la Seguridad Social****, sede sanitaria*			

Pág	Español	Alemán	Francés	Inglés
(45—47)	* arrimarse: *acercarse*			
	• confidencia (la)	• Vertrauen	• confidence	• secret
	* 3.ª edad: *eufemismo con que se nombra a las personas próximas a la vejez o en ella*			
48—53	ANGOR PECTORIS (n.3) (Julia IBARRA)			
	* angor pectoris: *lenguaje médico, en latín,* ***angina de pecho***			
	* *fachenda: apariencia solamente, fachada*			
	* flecos de pestañas: *pestañas poco espesas*			
	• cromo (el)	• Chrom	• chrome	• chrome
	* melífluo: *dulce*			
	* mignon: *en francés en el texto, despectivamente* ***nene, querido***			
	* ceñido/a: *apretado*			
	• cuero	• Leder	• cuir	• leather
	• pana	• Kordsamt	• velours côtelé	• corduroy
	* contoneo: *movimiento exagerado*			
	• mohíno/a	• verdrießlich, zornig	• boudeur	• gloomy
	• vapores de la juerga (los)	• Alkoholdünste	• les vapeurs de la fête	• the after effect of a good time
	* vidrioso/a: *poco claro, turbio*			
	• desmadejado/a	• schlaff	• flétrie	• enervated
	* lacio/a: *liso*			
	* que huele que apesta: *que huele muy mal*			
	* cochino: *sucio*			
	• yeso (de)	• aus Gips	• en plâtre	• plaster
	• estrafalario/a	• extravagant, leiderlich	• extravagant	• eccentric
	• bruñido/a	• glatt, poliert	• poli	• burnished
	* en el cinto: *en el cinturón, a la cintura*			
	• cometa (la)	• Komet, Drachen	• cerf—volant	• kite
	• entrañas (las)	• Eingeweide, Innere	• entrailles	• insides
	* almibarado/a: *dulce, pegajoso*			
	• altisonante	• hochtönend, erhaben	• pompeux	• high sounding
	• barniz (el)	• Lack	• vernis	• gloss
	• estallido de pólvora	• Explosion	• explosion de poudre	• firework explosion
	• cohete (el)	• Rakete	• fusée	• rocket
	* procesión: *fiesta religiosa popular en que se sacan las imágenes por las calles*			
	• apostura (la)	• Haltung	• prestance	• good looks
	* menear: *mover*			
	• brío (el)	• Kraft, Stärke	• entrain	• dash, spirit
	• cadencia (la)	• Rhythmus	• cadence	• rhythm
	* Laurence Olivier: *gran actor de teatro inglés recientemente fallecido*			
	* difuminar: *borrar, quitar los contornos*			
	• modulación (la)	• Modulation	• modulation	• modulation
	• registro (el)	• Stimmlage	• registre	• tone
	* macho: *hombre*			
	• duende (el)	• Kobold	• lutin	• elf
	• espantapájaros (el)	• Vogelscheuche	• épouvantail	• scarecrow
	• cazadora (la)	• Jacke	• blouson	• jacket
	* vástagos: *hijos*			
	• tregua (la)	• Waffenstillstand	• trêve	• truce
	* consabidas: *conocidas, repetidas*			
	• pose (la)	• Pose	• pose	• pose
	• rufián (el)	• Gauner	• souteneur	• scoundrel
	* chulo: *persona que vive a costa de otra*			

Pág	Español	Alemán	Francés	Inglés
(48—53)	* los afeites: *el maquillaje*			
	• desteñirse	• abfärben	• déteindre	• to fade
	* traza: *aspecto*			
	• acordeón	• Akkordeon	• accordéon	• accordion
	* hipos: *sollozos*			
	• plató (el)	• Teller, Gericht	• plateau	• set
	• nalgas (las)	• Gesäß	• fesses	• buttocks
	• jaqueca (la)	• Kopfweh	• migraine	• migraine
	• pudrirse	• verfaulen	• se morfondre	• to rot
	* críos: *niños*			
	• peonza (la)	• Kreisel	• toupie	• spinning to
	• cabriola (la)	• Sprung, Kapriole	• cabriole	• caper
	• contorsión (la)	• Verzerrung	• contorsion	• contortion
	* marica: ***afeminado**, pero se emplea como insulto sin sentido preciso*			
	* oropel (de): *de apariencia vistosa, pero de poco valor*			
	* de falla valenciana: *En las famosas fiestas de Valencia, las fallas son las esculturas de cartón que se queman en la noche del 19 de Marzo*			
	* cavilar: *pensar*			
	• rampa (la)	• Rampe	• rampe	• ramp
	* que te gastas: *coloquial, **que tienes***			
	• crisparse	• sich kräuseln	• se crisper	• to twitch
	* mueca: *gesto desagradable*			
	* caca: *lenguaje infantil, **excremento***			
	* me cuesta creer: *me es difícil creer*			
	• ejecutivo	• Exekutivposten	• cadre	• executive
	* impecable: perfecto			
	* un maletín nécessaire: *un maletín de los que utilizan los ejecutivos*			
	• fantoche (el)	• Hampelmann, Stutzer	• fantoche	• nonentity
	* a las tantas: *muy tarde*			
54—56	MI PADRE (n.2) (Miguel DELIBES)			
	• rebelarse	• sich rebellieren	• se rebeller	• to rebel
	• dejadez (la)	• Fahr, Sorglässigkeit	• le laisser, aller	• laziness
	* en fuerza de: *a fuerza de, con tanto*			
	* en mi fuero interno. *en mi interior*			
	* magro/a: *delgado*			
	* empero: *sin embargo*			
	• inmersión (la)	• Versenkung, Eintauchen	• immersion	• dive
	* biciclo: *bicicleta*			
	• atezado/a	• schwarz, dunkel	• hâlé	• tanned
	• zambullirse	• untertauchen	• plonger	• to dive
	* turba: *multitud*			
	* sin tener en cuenta: *sin preocuparse de*			
	• bucear	• tauchen	• nager sous l'eau	• to swim under water
	• hacer el muerto	• sich tot stellen	• faire la planche	• to float
	• estar picado	• sehr bewegt	• être houleuse	• to be choppy
	• empuje (el)	• Schwung, Stoß	• poussée	• push
	* diestro: *hábil*			
	* desazonar: *inquietar*			
	• rehusar	• ablehnen	• refuser	• to refuse
	• asedio (el)	• Belagerung, Verfolgung	• harcèlement	• siege

Pág	Español	Alemán	Francés	Inglés
(54—56)	• concretar	• konkretisieren	• préciser	• to make a decision
	• gorrión (el)	• Sperling	• moineau	• sparrow
	• alhambre (el)	• Kabel	• fil	• cable
	• gaviota (la)	• Möwe	• mouette	• sea gull
	• malecón (el)	• Damm	• jetée	• pier, jetty
	* indispuesto/a: *enfermo*			
	* acoso: *asedio*			
	* arremangados: *subidos*			
	• tirantes (los)	• Träger	• bretelles	• braces
	* las piadas agobiadas: *los pío pío tristes*			
	* contiguo: *de al lado*			
	* la cazó al vuelo: *la captó rápidamente*			
	• bullicio (el)	• Unruhe, Lärm	• brouhaha	• hubbub
	* a la vera del: *junto al*			
	• espigón (el)	• Spitze	• brise—lame	• breakwater
	• albornoz (el)	• Bademantel	• peignoir	• bathrobe
	* listado de azul: *de rayas azules*			
	* cauteloso: *prudente*			
	* se acuclilló: *se agachó, se puso en cuclillas*			
	* braza: *estilo de natación, tan usado como el crawl*			
	* enteco/a: *débil*			
	• bíceps (el)	• Bizeps	• biceps	• biceps
	* abochornado/a: *confuso, avergonzado*			
	* moral: *espíritu*			
57—59	SANTIAMÉN (n.2) (Julio DELGADO)			
	* Santiamén: ***en un santiamén*** *quiere decir* ***muy rápidamente***			
	* hacer recados: *hacer pequeñas compras*			
	• muestra (la)	• Muster	• échantillon	• sample
	• dependienta (la)	• Verkäuferin	• vendeuse	• shop assistant
	• mercería (la)	• Kurzwarengeschäft	• mercerie	• haberdasher's
	* disparatado: *exagerado*			
	* de canela en rama: *de color marrón claro*			
	* todo y con ser pobre: *a pesar de ser pobre*			
	* catecismo: *clases de religión, para participar en ceremonias como la Comunión*			
	* delgadurria: *familiar, delgada*			
	* si acaso: *coloquial,* ***en todo caso***			
	• bautizar	• taufen	• baptiser	• to christen
	* aunque me cueste el cargo: *aunque me quede sin puesto*			
	* doctrina: *en este caso,* ***la clase de catecismo***			
	* pliegos del registro parroquial: *las hojas del libro de registro de la iglesia*			
	* bobadicas: ***bobadas, tonterías****; diminutivo en -ico propio de Aragón*			
	* coscorrón: *un golpe en la cabeza, generalmente poco fuerte y cariñoso*			
	• pila (la)	• Weihwasserkessel	• bénitier	• stoup
	• palangana (la)	• Waschbecken	• cuvette	• shallow dish
	• sacristía (la)	• Sakristei	• sacristie	• vestry
	* inter... meas: *fórmula en latín*			
	* arremolinadas: *juntas*			

Pág	Español	Alemán	Francés	Inglés
61, 62	ESE NIÑO GORDO A QUIEN SUS PADRES COMPRARON UN BALON (n.1) (Manuel PILARES)			
	* se han liado a: *vulgar, coloquial;* ***se han puesto a***			
	• distraerse	• sich unterhalten	• s'amuser	• to have a good time
	• incidencia (la)	• Ereignisse	• incidents	• incidents
	• merendar	• jausnen	• goûter	• to have a snack
	* zumbar: *familiar,* ***pegar, golpear***			
	• plomo (el)	• Blei	• plomb	• lead
	* barriga: *familiar,* ***vientre***			
	* lárgate: *expresión poco amable,* ***vete***			
	* viaducto: *puente de hierro de 130 metros de altura sobre una calle de Madrid. Es lugar de suicidios*			
	• receloso/a	• argwöhnisch	• méfiant	• suspicious
	• cerciorarse	• sich vergewissern	• s'assurer	• to make sure
	• ruborizado/a	• errötet	• rougissant	• blushing
	* de un bote: *de un salto*			
	* alpargata: *zapatilla*			
	* transeúntes: *paseantes*			
	* dando a entender: *queriendo decir*			
	• a coro	• im Chor	• tous en même temps	• in chorus
	* espantados: *llenos de terror*			
	• arrogante	• arrogant	• arrogant	• arrogant
63, 64	MI PRIMO PEPITO EL RANA (n.3) (Antonio HERNÁNDEZ)			
	• rana (la)	• Frosch	• grenouille	• frog
	* el Rana: *un apodo; propio del lenguaje vulgar*			
	• olivo (el)	• Olivenbaum	• olivier	• olive tree
	* fonda (la)			
	* como se vaya Pepito: *si se va Pepito*			
	* primo segundo/primo primero: *en las relaciones familiares españolas el primo primero (llamado* ***primo hermano****) es de parentesco más cercano que el segundo*			
	• chucherías (las)	• Näschereien	• sucreries	• sweets
	* pepitas saladas: *semillas, pipas de girasol fritas con sal. De consumo muy extendido*			
	* cuplé: *canción popular de principios de siglo*			
	* Estrellita Castro: *fue una conocida estrella de la canción española*			
	* atareada en: *ocupada en*			
	* zurcido: *un cosido sobre un roto*			
	* ranitas: *todos los hermanos del Rana son llamados* ***ranitas*** *también por el autor*			
	* aportaba: *traía*			
	* deslucida: *hablando de comida,* ***pobre, poco sustanciosa***			
	* golosinas: *chucherías*			
	* guita: *cuerda*			
	* llaga: *herida*			
	* cogote: *parte trasera del cuello*			
	* pregonaba: *voceaba*			
	* al liquidar sus cuentas: *al hacer sus cuentas*			

Pág	Español	Alemán	Francés	Inglés
(63, 64)	* el Ronco: *otro apodo*			
	* más pobre que el corral de una tonta: *una expresión que, como muchas otras en español, exagera la pobreza, la torpeza, etc.*			
	* no lo masques: *no lo mastiques*			
	* la Catequesis: *el catecismo*			
	* mondo de esperanzas: *sin esperanzas*			
	* aunque no le echara cuenta: *aunque no se diera cuenta*			
	* opresora: *que oprime, que aprisiona*			
	* faltriqueras: *en desuso,* ***los bolsillos de la ropa***			
	• lince (el)	• Luchs	• lynx	• lyns
	* rubias: *en desuso, así se llamaba a* ***la peseta***			
	* pelotes: *en desuso, en este caso es* ***el duro*** *(cinco pts.)*			
	* dispara: *en el lenguaje futbolístico,* ***golpea el balón, chuta***			
	• altramuces (los)	• Lupine	• lupins	• lupins
65—68	EL AMIGO TOM (n.2) (Manuel RIVAS)			
	* pedían: *preguntaban*			
	• losa (la)	• Steinplatte	• dalle	• slab
	• muelle (el)	• Kai	• quai	• wharf
	• escama (la)	• Schuppe	• écaille	• scale
	• complicidad (la)	• Beihilfe	• connivence	• complicity
	• dársena (la)	• Dock	• dock	• dock
	• dorna (la)	• galicisches Fischerboot	• bateau de pêche	• boat
	* izó: *levantó*			
	* gradas: *escalones*			
	• astillero (el)	• Werft	• chantier naval	• shipyard
	• varilla de cohete (la)	• Stab einer Rakete	• tringle de fusée	• rocket stick
	• estela (la)	• Spur	• trace	• trail
	• estampido (el)	• Knall	• explosion	• boom
	• luminaria (la)	• Beleuchtung, Licht	• illumination	• light
	* pasó: *dejó*			
	• plataforma (la)	• Plattaform	• plate—forme	• platform
	* al ataqui: *la niña quiere decir* ***al ataque***			
	• esqueleto (el)	• Rohbau	• charpente	• skeleton
	* ademanes: *gestos*			
	• espadachín (el)	• Haudegen	• duelliste	• swordsman
	• ronco/a	• heiser, dröhnend	• rauque	• hoarse
	• ogro (el)	• Menschenfresser	• ogre	• ogre
	• conciliador/a	• friedlich	• conciliateur	• conciliatory
	* de súbito: *de pronto*			
	• rescatar	• retten	• délivrer	• to rescue
	• cuadernas (las)	• Spant, Stück	• couples	• frames
	• tiburón (el)	• Hai	• requin	• shark
	• ballena (la)	• Wal	• baleine	• whale
	• caña (la)	• Halm	• ligne	• fishing rod
	• tenaza (la)	• Zange	• tenailles	• tongs
	• ratificar	• bestätigen	• ratifier	• to confirm
	* lancha de prácticos: *barca ligera que guía, en su entrada a puerto, a barcos de mayor calado*			
	• piloto (el)	• Warnlampe	• lampe—témoin	• light
	• herir	• verletzen	• frapper	• strike
	• desconsolado/a	• trostlos, betrübt	• inconsolable	• sad

Pág	Español	Alemán	Francés	Inglés
69—71	EL ALMA DE SOUTO DE LINES (n.2) (Alvaro CUNQUEIRO)			
	* tendría...: *el condicional expresa cálculo de edad aproximado*			
	• horna (la)	• Form	• forme	• hat block
	* Manoeliño: *apelativo propio del gallego, en castellano sería* ***Manuelito***			
	* ¡coño!: *expresión malsonante de mucho uso, equivale casi a una simple exclamación*			
	• artillería (la)	• Artillerie	• artillerie	• artillery
	• cañón (el)	• Kanone	• canon	• cannon
	* pese a que: *aunque, a pesar de que*			
	* amurriarse: *ponerse triste, mustio*			
	• cojo/a	• Hinkend, lahm	• boiteux	• lame
	* ¡vaya joda!: *expresión malsonante de fastidio*			
	* para colmo de desgracias: *para más desgracias*			
	* no le acertaban: *no sacaban la causa*			
	* conversas: *conversaciones, charlas*			
	* quedaron en que: *se pusieron de acuerdo en que*			
	* otoño era que volaban: *era otoño porque volaban*			
	* al patrón: *al Santo protector*			
	• nabo (el)	• Rübe	• navet	• turnip
	• cuervo	• Rabe	• corbeau	• crow
	* a dos cuartas: *equivale a* ***muy cerca***			
	* la caballería			
	* en el país: *en la comarca, en la región*			
	• púlpito (el)	• Kanzel	• chaire	• pulpit
	* oremus: *en latín,* ***recemos***			
72—74	DON HOMOBONO Y LOS GRILLOS (n.1) (Camilo JOSÉ CELA)			
	• alcalde (el)	• Bürgermeister	• maire	• mayor
	* de ensueño: *expresión romántica, equivale a* ***muy hermosas***			
	• tornasolado/a	• Schillernd	• chatoyant	• sheeny
	• irisaciones (las)	• Irisierung	• irisations	• iridescenses
	• roce (el)	• Reibung	• frottement	• rub
	* jornadas: *días*			
	* indeleble: *imborrable*			
	• grieta (la)	• Spalte	• lézarde	• crack
	* mozuelo: *chico, chiquillo*			
	• grillo (el)	• Grille	• grillon	• cricket
	• saltamontes (el)	• Grashüpfer	• sauterelle	• grasshopper
	* indefectiblemente: *con seguridad*			
	* no tenía vuelta de hoja: *no admitía oposición, réplica*			
	• condescendiente	• nachgiebig, herablassend	• condescendant	• obliging
	• solazarse	• sich belustigen, sich erholen	• se distraire	• to enjoy oneself
	• absorto/a	• vertieft	• ébahi	• engrossed
	• ocurrírsele (le)	• einfallen	• (lui) passer par la tête	• to occur to him
	• mata (la)	• Strauch	• touffe	• sprig
	• losa (la)	• Steinfliese	• dalle	• stone slab
	• salmodia (la)	• Psalmengesang, Litanei	• psalmodie	• drone

Pág	Español	Alemán	Francés	Inglés
(72—74)	⋆ desazonado/a: *inquieto*			
	⋆ faz: *rostro, cara*			
	⋆ ademán: *gesto*			
	⋆ retador: *provocador*			
	• prédica (la)	• Predikt	• prêche	• sermon
	⋆ despanzurrado: *coloquial, vulgar,* ***con las tripas fuera***			
	⋆ medianoche: *un pequeño bollo que se llena con queso o embutido*			
75—77	LA PIMPOLLADA DEL PÁRAMO (n.2) (Miguel DELIBES)			
	⋆ poniente: *oeste, occidente*			
	⋆ naciente: *este, oriente*			
	⋆ trochas: *camino estrecho, atajo*			
	• páramo	• Öde	• étendue désertique	• waste land
	• desolado/a	• trostlos, verödet	• désolé	• desolate
	• inhóspito/a	• unfreundlich	• inhospitalier	• inhospitable
	⋆ chaval: *muchacho*			
	• hito (el)	• Grenzstein	• borne	• landmark
	• jalón (el)	• Grenzmarke	• jalon	• milestone
	• arduo/a	• schwierig	• ardu	• arduous
	⋆ se fatigaban: *se cansaban*			
	⋆ se alzaron: *se levantaron*			
	• escuálido/a	• schmutzig, abgemagert	• maigre	• squalid
	⋆ jarrillas: *se refiere a los aisladores de porcelana de los postes de telégrafos y de la luz*			
	• tiragomas (el)	• Gummischleuder	• lance—pierres	• catapult
	• repoblar	• aufforsten, wiederbevölkern	• reboiser	• to afforest
	⋆ no medraban: *no crecían*			
	⋆ pese a: *a pesar de*			
	• calcinar	• brennen	• calciner	• to burn
	• brote (el)	• Knospe	• bourgeon	• bud
	⋆ arraigaron: *echaron raíces*			
	• pinabetes (el)	• (Weiß) Tanne	• sapin	• fir tree
	• ciprés (el)	• Zypresse	• cyprès	• cypress tree
	• raquítico/a	• rachitisch	• rachitique	• stunted
	• escasez (la)	• Knappheit	• pénurie	• scarcity
	• fatuamente	• töricht, eingebildet	• présomptueusement	• fatuously
	⋆ la Pimpollada: *sitio poblado de árboles jóvenes,* ***pimpollos***			
	⋆ forzado: *obligado*			
	⋆ fuera de mí: *excepto yo*			
	• liebre (la)	• Hase	• lièvre	• hare
	• holgazán	• Faulenzer	• fainéant	• idle
	• anhelo (el)	• Sehnsucht	• désir	• desire
	• petulancia (la)	• Unbändigkeit, Frechheit	• arrogance	• vanity
	• topo (el)	• Maulwurf	• taupe	• mole
	• mazazo (el)	• Schlag	• coup de massue	• blow
	⋆ muecas: *gestos*			
	• aspavientos	• Gebärde, Gezeter	• simagrées	• exaggereted gestures
	• contrariedad (la)	• Ärger, Widerspruch	• contrariété	• misfortune
	⋆ las faenas: *se llaman así los trabajos del campo*			
	⋆ echa una mano: *coloquial,* ***ayuda un poco***			

Pág	Español	Alemán	Francés	Inglés
75—77)	* memo: *tonto*			
	* eficacia palmaria: *eficacia clara, evidente*			
	• vocación (la)	• Berufung	• vocation	• vocation
	• testigo (el)	• Zeuge	• témoin	• witness
	• reflexionar	• überlegen	• réfléchir	• to think about
	* me sacudió el polvo: *coloquial,* ***me pegó fuerte, una buena paliza***			
	• soltar	• loslassen	• lâcher	• to turn loose
	* amarrado: *atado*			
78, 79	MOTOCICLETA (n.2) (Manuel VICENT)			
	* afligido: *triste*			
	• lucrarse	• sich bereichern	• s'enrichir	• to enrich oneself
	* mascado: ***masticado***			
	* matarratas: *el nombre indica la mala clase de alcohol que era*			
	• escupir	• (aus) spucken	• cracher	• to spit
	* tedio: *aburrimiento*			
	* lucir: *llevar puesto con orgullo*			
	* muñequera de púas: *bandas de cuero con pinchos en torno a la muñeca*			
	* colega: *indica en la actualidad al compañero/a con el que se comparten gustos, afinidades, fobias*			
	• vértigo	• Schwindel	• vertige	• vertigo
	* consentirlo: *aceptarlo*			
	* tirado de precio: *coloquial,* ***a un precio muy barato***			
	• humillado/a	• gedemütigt	• humilié	• humiliated
	• reventar	• platzen	• éclater	• to explode
	* perista: *comprador de objetos robados*			
80—83	VIAJE EN AUTOCAR (n.2) (Javier TOMEO)			
	• parabrisas (el)	• Windschutzscheibe	• pare—brise	• windscreen
	* impedimento: *obstáculo*			
	* alarmado: *inquieto*			
	• arcén (el)	• Rand	• bas—côté	• verge
	• miope	• kurzsichtig	• miope	• myopic
	• precipicio (el)	• Abgrund	• précipice	• cliff
	* en picado: *en vertical*			
	* miope de tomo y lomo: ***muy, muy miope,*** *coloquial*			
	• cabina (la)	• Telefonzelle	• cabine	• telephone box
	• balbucear	• stammeln	• balbutier	• to stammer
	* topar: *chocar de frente*			
	• tractor (el)	• Traktor	• tracteur	• tractor
	* apostilla: *añade*			
	* atildado: *cuidadoso*			
	* disparidad: *diversidad, diferencia*			
	* temeraria: *audaz, osada*			
	* apego: *consideración*			
	* reemplazar: *sustituir*			
	* convido: *invito*			
	• esquivar	• ausweichen, vermeiden	• éviter	• to swirve
	• heno (el)	• Heu	• foin	• hay

Pág	Español	Alemán	Francés	Inglés
(80—83)	• bramar	• brüllen, schreien, heulen	• hurler	• to roar
	* arpía: *indica una persona muy mala*			
	* esgrimiendo: *sosteniendo amenazadoramente*			
	* llegar a las manos: *pegarse*			
	• partidario/a	• Anhänger, Befürworter	• partisan	• in favor
	• criterio (el)	• Gesichtspunkt, Merkmal	• avis	• opinion
	* bandazos: *movimientos de un lado a otro*			
	* sin solución de continuidad: *sin pagar*			
	* algarabía: *griterío*			
	* no ver dos/tres/cuatro en un burro: *expresión coloquial,* ***ver muy poco***			
84—87	EL CRIADO DEL RICO MERCADER (n.2) (Bernardo ATXAGA)			
	* remota: *lejana*			
	* de amenaza: *amenazador*			
	• compadecerse de	• mitleid fühlen	• avoir pitié de	• to be sorry for
	• asombro (el)	• Entsetzen, Staunen	• étonnement	• astonishment
	* llevar una carta escondida en la manga: *del lenguaje del juego,* ***tener guardada, preparada una solución***			
	• fatalismo (el)	• Fatalismus	• fatalisme	• fatalism
	• implacable	• unversöhnlich, schonungslos	• implacable	• implacable
	• una tirada de dados	• Würfelspiel	• un coup de dés	• a throw of dice
	* enarcando: *subiendo*			
	* extraje: *saqué*			
	* amparo: *socorro, ayuda*			
	* asilo: *protección, cobijo*			
	* refugio: *asilo*			
	* arrebatar: *coger violentamente*			
	* aurora: *amanecer*			
	• husmear	• herumschnüffen, ausfindig machen	• flairer	• to smell out
	• desconcierto	• Störung, Unordung	• confusion	• trouble
	* de soslayo: *de lado y deprisa*			
	• averiguaciones	• Nachforschungen	• enquêtes	• inquiries
88—90	UN EMPERADOR (n.2) (Juan BENET)			
	* abarcar: *coger*			
	* comandante: *militar con mando*			
	* plegarias: *oraciones*			
	• súbito/a	• Untertan, Staatsbürger	• sujet	• subject
	* despachando: *enviando*			
	• retraso (el)	• Verzögerung	• retard	• delay
	* replicar: *protestar*			
	* te embarga: *te preocupa*			
	* vísperas: *días anteriores*			
	* fallecimiento: *muerte*			
	• subsanar	• ausbessern	• corriger	• to rectify

Pág	Español	Alemán	Francés	Inglés
8—90)	⋆ a rajatabla: *con exactitud*			
	⋆ albalaes: *antiguamente* ***documentos reales***			
	• lacrar	• versiegen, anstecken, schädigen	• cacheter	• to seal
	⋆ por ende: *en consecuencia, por tanto*			
	⋆ infundio: *noticia falsa*			
	⋆ reserva: *discreción*			
	⋆ a sabiendas de: *sabiendo*			
	⋆ repercusiones: *consecuencias*			
	⋆ de toda índole: *de toda clase*			
	⋆ especular: *negociar*			
	⋆ aturdido: *confuso*			
	• tinieblas (las)	• Finsternis	• ténèbres	• darkness
	⋆ corroborando: *confirmando*			
	⋆ una minucia: *algo muy pequeño*			
	⋆ enojo: *ira*			
	⋆ semblante: *rostro*			
—94	BROADWAY (n.3) (Enrique JARDIEL PONCELA)			
	• estribo (el)	• Trittbrett	• marchepied	• footboard
	⋆ concreto (el): *el hormigón armado*			
	⋆ continental: *servicio de reparto de cartas o mensajes*			
	⋆ funerarias: *empresas de servicios fúnebres*			
	• cataratas (las)	• Wasserfall	• chutes	• waterfalls
	⋆ elevado: *línea de ferrocarril aéreo*			
	⋆ gases de etilo: *el etilo es derivado del alcohol etílico; a su vez, sus derivados se usan como combustibles, anestésicos, refrigerantes, etc.*			
	⋆ remachar: *golpear*			
	⋆ limpiabotas:*quien limpia el calzado de los transeuntes en la calle*			
	⋆ rifle: *escopeta*			
	• taco de billar (el)	• Billardstock	• queue de billard	• cue
	⋆ alcaloide del anuncio: *alcaloide se usa a veces como sinónimo de droga, de sustancia que produce bienestar; en el texto, el coche anunciador puede hacer de medio transmisor de ese bienestar. En todo caso, hay muchas referencias poco claras en este texto de Jardiel*			
	⋆ maillot: *traje de baño*			
	• multa (la)	• Geldstrafe	• amende	• fine
	• imperdible (el)	• Sicherheitsnadel	• épingle de nourrice	• safety pin
	• resorte (el)	• Feder	• ressort	• spring
	• acción (la)	• Aktie	• action	• share
	⋆ sacamuelas: *charlatanes*			
	⋆ vaguear: *no hacer nada, hacer el vago*			
	• fachada (la)	• Fassade	• façade	• façade
	• manivela (la)	• (Hand) Griff, Handhabe	• manivelle	• crank, starting handle

Manuel Vicent nació en Castellón (España) en 1936. Novelista y periodista. Ha ganado premios de periodismo y de novela, Alfaguara y Nadal.

MOTOCICLETA

Compró la moto con la que se había matado su mejor amigo. Era una máquina perfecta, bellísima, japonesa. Después del accidente, un padre afligido la puso en venta a bajo precio, pero él no pretendía lucrarse con aquella desgracia. Sólo la compró por amor. Habían sido compañeros de colegio. Habían experimentado juntos el primer sexo en la adolescencia. Habían descubierto el mundo durante largas horas de música. Habían mascado la misma marca de chicle, devorado la misma hamburguesa, imitado al mismo Bogart, bebido el mismo matarratas, amado al mismo héroe del *rock*, escupido el mismo tedio, lucido la misma muñequera de púas. Eran colegas. Al final también estaban unidos por la misma velocidad. El papá le había regalado una moto a su amigo y ellos iban siempre a doscientos por hora a ninguna parte, con los genitales pegados al mismo sillín y ninguno distinguía entre el vértigo y el deseo, el amor al propio cuerpo o a la máquina, hasta que ésta decidió separarlos. Un día saltaron por los aires. Su amigo se fue directamente al infierno y él se salvó de milagro. Pero no estaba dispuesto a consentirlo.

¿Por qué la moto que había matado a su mejor amigo se vendía ahora tirada de precio? Se sentía humillado. Aun así, él tampoco tenía dinero para comprarla. Se pasaba las tardes enteras contemplándola en aquel escaparate y una ráfaga de admiración le atravesaba el cerebro. Era perfecta, bellísima, japonesa. Mientras aquella moto permaneciera parada su alma estaría muerta. Iba por las calles de la ciudad con las manos en los bolsillos y sólo pensaba en la forma de rendir un homenaje a su amigo. La soledad le obligó a reventar una mañana. Cogió una navaja y con ella señaló la garganta de un joyero. Vendió al peso un puñado de oro y de esmeraldas a un perista y una hora después entró en la tienda con los billetes precisos. Compró la moto. La acarició como a una amante. La puso a doscientos por hora y cuando alcanzó el límite del deseo descubrió en el espejo de la frente el rostro del colega muerto que le sonreía. De pronto se hizo la oscuridad de la venganza. Esta vez la moto tampoco se había salvado.

En torno al texto

— En la España de hoy, las crónicas urbanas como ésta gustan bastante. Intenta, imitando el estilo, hacer una sobre un walkman, un coche deportivo...

Javier Tomeo nació en Quicena (Aragón, España) en 1932 y ha vivido una gran parte de su vida en Barcelona. Ha publicado numerosas novelas y algunos libros con textitos breves.

VIAJE EN AUTOCAR

Estoy sentado en la primera butaca del autocar, junto a la puerta de entrada. El conductor está medio metro más allá, a mi izquierda. A través del parabrisas, por lo tanto, puedo ver sin ningún impedimento el camino que se abre frente a nosotros. Y puedo ver también al chófer, aunque sea de perfil, sujetando el volante con las dos manos y curiosamente inclinado hacia adelante, como si quisiese beberse la carretera.

Desde que salimos de H. me siento alarmado por su forma de conducir. De vez en cuando se acerca peligrosamente al arcén derecho de la carretera. Otras veces, sin razón aparente, circula por el centro de la calzada, exponiéndose a chocar con cualquiera de los vehículos que vienen en dirección contraria. No me queda pues más remedio que llegar a la conclusión de que ese hombre es miope y que mueve el volante en función de las confusas marcas que se van formando sucesivamente en su débil retina.

La carretera se hace cada vez más peligrosa. Por la derecha bordea un precipicio que cae en picado sobre el mar. Por la izquierda el tráfico es bastante intenso. El accidente puede producirse en cualquier momento y me considero, por lo tanto, en la obligación de advertir a los demás pasajeros del riesgo que estamos corriendo.

— Señores —exclamo, levantándome del asiento y volviéndome hacia los demás. Nuestro conductor es un miope de tomo y lomo. Acabo de descubrirlo hace un instante. Propongo, por lo tanto, que le obliguemos a detener el autocar. Desde la cabina más próxima telefonearemos a la agencia de viajes para pedirle que nos envíe otro chófer.

— ¿Quién dice que soy miope? —protesta el chófer, sin apartar la mirada de la carretera.

— Conozco a ese hombre —observa la anciana cargada de joyas, que viaja precisamente en el asiento posterior al mío—. Es un conductor excelente. No es la primera vez que viajo con él, y nunca tuvimos un accidente.

— No obstante —balbucea otro pasajero—, a mí me parece que estamos haciendo demasiadas eses.

— Hace un momento estuvimos a punto de topar con un tractor —apostilla un muchacho de pelo rojo que viaja en uno de los asientos de la izquierda.

— Sin embargo —reflexiona un hombrecito de aspecto atildado, de esos que parecen confiar siempre en el sentido de la responsabilidad de los demás—, sin embargo, ¿cómo iba la agencia de viajes a confiar nuestras vidas a un chófer miope?

En total viajamos en el autocar veinte personas, de todas las edades y condiciones. La disparidad de opiniones es absoluta. Para algunos, el chófer conduce correctamente. Otros, sin entrar a considerar si es o no miope, dicen que conduce con imprudencia temeraria. Hay también pasajeros que no demuestran el menor interés por dar a conocer su opinión, como si la cosa no fuese con ellos, o no sintiesen ningún apego por sus vidas.

— Vivimos en una democracia —exclamo—, sometámoslo a votación.

— Hagan lo que prefieran —dice el conductor—, pero les adelanto que pienso seguir conduciendo hasta que lleguemos a nuestro destino. No puedo detener el autocar en medio de la carretera y esperar a que venga otro conductor a reemplazarme.

— Los que decidan interrumpir el viaje —exclamo—, que levanten el brazo.

Lo hacen doce pasajeros, es decir la mayoría. Creo que es la primera vez en toda mi vida que alguna proposición mía es aceptada por alguien que no sea yo mismo. Me acerco al conductor y le convido a que detenga el vehículo.

— Ni hablar —responde el miope, esquivando en el último instante un tractor cargado de heno.

— ¡No le haga caso, no le haga caso! —brama la anciana enjoyada— ¡Siga usted al volante! ¡Continúe conduciendo! ¡Le conozco bien, sé que es usted un excelente conductor, y respondo por usted!

Me gustaría saber quién responde, a su vez, por esa arpía. Otros pasajeros, sin embargo, apoyan mi propuesta.

— ¡Deténgase! —brama un hombre gordo, temblando como un flan.

— ¡Pare usted este maldito autocar inmediatamente! —chilla una mujer vestida de negro.

— ¡Adelante, adelante! —grita el hombrecillo atildado, esgrimiendo un paraguas.

Es como si hubiese metido una zorra en un gallinero. No me parece oportuno, sin embargo, llegar a las manos para tratar de imponer nuestra voluntad. De ese modo sólo conseguiremos aumentar notablemente las probabilidades de un accidente. Tranquilizo pues a mis partidarios y les propongo que vayamos a sentarnos a la parte trasera del autocar, donde los efectos de un choque podrían ser menos graves. Los otros viajeros, para demostrar su confianza en el chófer (pero, sobre todo, para evidenciar su alegría por haber impuesto su criterio), empiezan a cantar a coro.

El viaje prosigue peligrosamente. El autocar continúa dando bandazos y me parece un milagro que no nos hayamos despeñado ya por el precipicio. Las horribles canciones se suceden sin solución de continuidad y el conductor, enloquecido finalmente por la algarabía, se vuelve hacia los cantores.

— ¡No se sientan ustedes tan ufanos! —estalla, señalándose los ojos con el índice de la mano derecha. ¡No canten victoria, porque realmente no puedo ver cuatro en un burro! ¡Desde que salimos de H. estoy conduciendo al tacto!

Se hace por fin en el autocar un silencio sepulcral, pero ya es tarde para someter el asunto a nuevas votaciones. La carretera termina cincuenta metros más allá, al borde del precipicio, y el chófer no demuestra la menor intención de pisar el freno.

En torno al texto

— Acaba el viaje de manera diferente a la que nos sugiere Tomeo.

Bernardo Atxaga (seudónimo de José Irazu) nació en el País Vasco (España) en 1951. Ha escrito novela corta, poesía y una gran novela «Obabakoak» por la que le concedieron el Premio Nacional de Literatura. Escribe en vasco y se traduce él mismo al castellano.

EL CRIADO DEL RICO MERCADER

Érase una vez, en la ciudad de Bagdad, un criado que servía a un rico mercader. Un día, muy de mañana, el criado se dirigió al mercado para hacer la compra. Pero esa mañana no fue como todas las demás, porque esa mañana vio allí a la Muerte y porque la Muerte le hizo un gesto.

Aterrado, el criado volvió a la casa del mercader.

— Amo —le dijo—, déjame el caballo más veloz de la casa. Esta noche quiero estar muy lejos de Bagdad. Esta noche quiero estar en la remota ciudad de Ispahán.

— Pero ¿por qué quieres huir?

— Porque he visto a la Muerte en el mercado y me ha hecho un gesto de amenaza.

El mercader se compadeció de él y le dejó el caballo, y el criado partió con la esperanza de estar por la noche en Ispahán.

Por la tarde, el propio mercader fue al mercado, y, como le había sucedido antes al criado, también él vio a la Muerte.

—Muerte —le dijo acercándose a ella—, ¿por qué le has hecho un gesto de amenaza a mi criado?

— ¿Un gesto de amenaza? —contestó la Muerte—. No, no ha sido un gesto de amenaza, sino de asombro. Me ha sorprendido verlo aquí, tan lejos de Ispahán, porque esta noche debo llevarme en Ispahán a tu criado.

....

..... No hay duda de que es bueno. Pero de todas formas yo le cambiaría el final. No me gusta ese fatalismo —le dije.

Mi amigo puso cara de asombro.

— Estoy hablando en serio, no me gusta el fatalismo de ese cuento. Me parece un fatalismo implacable, el mismo que se refleja cuando se dice que la vida es como una tirada de dados. Lo que se nos quiere decir en él es que, al nacer, tenemos ya un destino, y que nuestra voluntad no cuenta para nada. Tenemos que aceptar nuestro destino, querámoslo o no. ¿Que la muerte viene a por nosotros? Pues no nos queda otro remedio que morir.

Encogiéndose de hombros, me dio a entender que no veía otra opción.

— Como quieras. Pero a mí me parece que es el único final posible para ese cuento —me aclaró.

— Pues yo le he dado otro.

— ¿Has escrito una variación del cuento? —dijo enarcando las cejas.

— Así es. Aquí la tengo.

Y de una carpeta que tenía en el asiento trasero del coche extraje dos folios completamente escritos.

DAYOUB, EL CRIADO DEL RICO MERCADER

Érase una vez, en la ciudad de Bagdad, un criado que servía a un rico mercader. Un día, muy de mañana, el criado se dirigió al mercado para hacer la compra. Pero esa mañana no fue como todas las demás, porque esa mañana vio allí a la Muerte y porque la Muerte le hizo un gesto.

Aterrado, el criado volvió a la casa del mercader.

— Amo —le dijo—, déjame el caballo más veloz de la casa. Esta noche quiero estar muy lejos de Bagdad. Esta noche quiero estar en la remota ciudad de Ispahán.

— Pero ¿por qué quieres huir? —le preguntó el mercader.

— Porque he visto a la Muerte en el mercado y me ha hecho un gesto de amenaza.

El mercader se compadeció de él y le dejó el caballo, y el criado partió con la esperanza de estar por la noche en Ispahán.

El caballo era fuerte y rápido, y, como esperaba, el criado llegó a Ispahán con las primeras estrellas. Comenzó a llamar de casa en casa, pidiendo amparo.

— Estoy escapando de la Muerte y os pido asilo —decía a los que le escuchaban.

Pero aquella gente se atemorizaba al oír mencionar a la Muerte y le cerraban las puertas.

El criado recorrió durante tres, cuatro, cinco horas las calles de Ispahán, llamando a las puertas y fatigándose en vano. Poco antes del amanecer llegó a la casa de un hombre que se llamaba Kalbum Dahabin.

— La Muerte me ha hecho un gesto de amenaza esta mañana, en el mercado de Bagdad, y vengo huyendo de allí. Te lo ruego, dame refugio.

— Si la Muerte te ha amenazado en Bagdad —le dijo Kalbum Dahabin—, no se habrá quedado allí. Te ha seguido a Ispahán, tenlo por seguro. Estará ya dentro de nuestras murallas, porque la noche toca a su fin.

— Entonces, ¡estoy perdido! —exclamó el criado.

— No desesperes todavía —contestó Kalbum. Si puedes seguir vivo hasta que salga el sol, te habrás salvado. Si la Muerte ha decidido llevarte esta noche y no consigue su propósito, nunca más podrá arrebatarte. Esa es la ley.

— Pero ¿qué debo hacer? —preguntó el criado.

— Vamos cuanto antes a la tienda que tengo en la plaza —le ordenó Kalbum cerrando tras de sí la puerta de la casa.

Mientras tanto, la Muerte se acercaba a las puertas de la

muralla de Ispahán. El cielo de la ciudad comenzaba a clarear.

«La aurora llegará de un momento a otro —pensó. Tengo que darme prisa. De lo contrario, perderé al criado».

Entró por fin a Ispahán, y husmeó entre los miles de olores de la ciudad buscando el del criado que había huido de Bagdad. Enseguida descubrió su escondite: se hallaba en la tienda de Kalbum Dahabin. Un instante después, ya corría hacia el lugar.

En el horizonte empezó a levantarse una débil neblina. El sol comenzaba a adueñarse del mundo.

La Muerte llegó a la tienda de Kalbum. Abrió la puerta de golpe y... sus ojos se llenaron de desconcierto. Porque en aquella tienda no vio a un solo criado, sino a cinco, siete, diez criados iguales al que buscaba.

Miró de soslayo hacia la ventana. Los primeros rayos del sol brillaban ya en la cortina blanca. ¿Qué sucedía allí? ¿Por qué había tantos criados en la tienda?

No le quedaba tiempo para averiguaciones. Agarró a uno de los criados que estaba en la sala y salió a la calle. La luz inundaba todo el cielo.

Aquel día, el vecino que vivía frente a la tienda de la plaza anduvo furioso y maldiciendo.

— Esta mañana —decía— cuando me he levantado de la cama y he mirado por la ventana, he visto a un ladrón que huía con un espejo bajo el brazo. ¡Maldito sea mil veces! ¡Debía haber dejado en paz a un hombre tan bueno como Kalbum Dahabin, el fabricante de espejos!

En torno al texto

— ¿Cuál de las dos versiones de la historia te agrada más o te parece más posible? Puedes añadir una tercera de tu invención.

Juan Benet, nacido en Madrid (España) en 1927, es uno de los escritores actuales de narrativa más original. Novelista de gran prestigio, autor teatral, ha visto pasar recientemente al cine su novela «El aire de un crimen».

Un Emperador de la antigüedad, cuyo dominio abarcaba extensos territorios, inmensos desiertos y selvas apenas exploradas, sintiendo que estaba próximo el fin de sus días, mandó llamar al comandante mayor de sus correos y le habló de esta manera:

— Escúchame bien; los doctores que atienden a la salud de mi cuerpo no me conceden más de seis meses de vida. Como quiera que necesito para el momento del tránsito de mi alma al otro mundo todas las plegarias de mis súbditos, es necesario que vayas despachando los correos que han de llevar la noticia de mi muerte a todos los rincones del Imperio. Hacia esas provincias tan alejadas que reciben los despachos de la Corte con un retraso de seis meses deben salir los correos ya, a fin de que lleguen en el momento justo. Respecto a las otras, irás ordenando de manera escalonada la salida de los correos para que todos alcancen su punto de destino en la misma fecha.

— Pero, señor... —intentó explicar el comandante mayor.

— No intentes replicar —le cortó el Emperador—. Conozco muy bien las dificultades e inconvenientes de esta orden, pero puedo asegurarte que la decisión que he tomado ha sido larga y rigurosamente meditada. Y si lo que te embarga es la inseguridad del pronóstico de los doctores, sábete que en las vísperas de mi fallecimiento oficial te haré saber, en caso de error, las medidas correctivas que hayan de subsanarlo.

El comandante mayor se decidió a cumplir la orden a rajatabla y durante meses no hizo otra cosa que redactar los diversos albalaes con la noticia de la muerte del Emperador, que debía permanecer secreta, y que uno a uno fue entregando, lacrados con los sellos reales, a los miembros del cuerpo de correos que inmediatamente partían hacia los más apartados rincones del Imperio. No bien hubo despachado el último correo, el comandante mayor se presentó en el gabinete privado del Emperador para decirle:

— Señor, todos los correos han sido despachados con la noticia de vuestra muerte. Me consta que cumplirán su deber a la perfección y, por ende, mañana todo el imperio sabrá que habéis muerto. Y, sin embargo, estáis tan vivo como ayer y, con toda seguridad, como mañana. ¿Qué confianza podrá tener en lo sucesivo vuestro pueblo en el cuerpo de correos, e incluso en la Corte, cuando se entere de que ha sido objeto de semejante infundio? ¿Qué consecuencias no tendrá esta funesta medida para la salud y el buen gobierno de nuestro Imperio?

— Está bien —repuso el Emperador con toda calma. Has cumplido con tu deber y ejecutado la orden que te di a la perfección. Espero que hayas rodeado la noticia de mi muerte de toda la reserva que te distingue. Si es así, sólo tú y yo sabemos que hoy moriré, noticia que todo el Imperio conocerá mañana. A sabiendas de las graves repercusiones de toda índole que tendrá mi muerte, dime ¿es que no ha pasado por tu cabeza la idea de especular con semejante información?

— ¿Especular, señor? —preguntó aturdido el comandante mayor.

— ¿Es que no te has dado cuenta de que la posesión de semejante secreto podía hacer de ti el nuevo Emperador?

— Señor, la posibilidad de ser el nuevo Emperador no despejará en mi alma las tinieblas que arrojará la muerte de mi actual señor.

— Está bien, eso era exactamente lo que quería oír. Has pasado por la prueba a la que te he sometido y has respondido como yo esperaba que lo hicieras. Así pues, has corroborado con tu conducta una elección muy difícil —y que me ha costado muchas horas de sueño— y, por consiguiente, serás el nuevo Emperador.

— ¿Y qué será de vos, señor, a partir de mañana?

— ¡Oh, no te preocupas por mí! —repuso el Emperador.

— ¿Y del cuerpo de correos? —preguntó inquieto el comandante mayor—. ¿Qué va a ser del cuerpo de correos?

— ¡Oh, no te preocupes del cuerpo de correos! —dijo el Emperador.

— ¿Que no me preocupe del cuerpo de correos? ¡El cuerpo de correos! ¡La joya de nuestro Imperio! ¡La obra de mi vida! ¡Señor, toda mi vida dedicada a ese cuerpo ejemplar! —exclamó impaciente el comandante mayor.

— ¡Bah, una minucia! —dijo el Emperador, con desdén.

— ¿Una minucia? ¿Cómo podéis decir eso, señor? ¡La joya de nuestro Imperio! ¡El cuerpo de correos! ¡La obra de mi vida! ¡Toda mi vida! ¡Mi vida entera para nada! ¡Oh, mierda! ¡Oh, condenación! ¡Oh, maldito!

Y el comandante mayor, ciego de enojo, se abalanzó sobre su Emperador y le echó sus manos al cuello y lo apretó hasta que en el anciano semblante del Emperador se dibujó la expresión de una muerte serena, en paz con su conciencia, y de su mano abierta cayó el edicto de sucesión.

En torno al texto

— El emperador murió en la fecha prevista ¿crees que todo lo había planeado para que resultara así? ¿hay en el texto datos para sostener esta opinión?

BROADWAY ARRIBA

La descripción tiene que ser vertiginosa. Los anuncios luminosos funcionan también de día. Brillan cien policromías sugestivas ya conocidas de antiguo: *Ford-Chesterfield-Coca Cola;* y otras cien que no conocíamos, pero que pronto nos serán familiares: *Richfield The Owl Drug C.º Bank of America...* Buses como locomotoras. Un automóvil por cada diez habitantes. Diez habitantes por cada dos empleos. Dos empleos por cada centímetro cúbico.

(Broadway arriba... Broadway, que nace de un pino de la plaza de Battery, le hace el amor a la Quinta Avenida a lo largo de veintitrés transversales, la consigue en Madison Square y la abandona en la calle 24; una historia de amor como tantas otras...) Broadway arriba. Congestión de tráfico; paredes de gentío; murallas de coches; los estribos se pegan con los estribos y los parachoques cumplen su misión. El calor ablanda el «concreto». Inflación de chicas bonitas. Hombres que venden lilas. Mujeres que presiden Consejos de Administración. *Pig's Wisthle;* restaurante chino; restaurante italiano; restaurante mejicano; restaurante antropófago. «Cafeterías», donde el cliente se sirve por sí mismo o se queda sin comer. *Remember of New York* en ochenta millones de objetos. Teléfonos hasta debajo de las sillas. Ríos humanos por las aceras. Novios que se besan en la boca sin sacarse el chicle que van mascando. Chicos de «continental» con patines. Y detrás de todos los escaparates, sonriendo, muchachas rubias y lindas: todas igualmente lindas, igualmente rubias, igualmente muchachas. Iglesias. Bancos. Almacenes. Teatros. Cines. Funerarias alegres. Y oficinas, oficinas, oficinas, oficinas, oficinas, oficinas, oficinas, oficinas, oficinas, oficinas, oficinas, oficinas, oficinas...

Broadway arriba...

Modas. Joyas. Pieles. Comedores de caridad. Cementerios. *Music-halls*. Sociedades anónimas. Economatos. Museos. Tiros al blanco.

Broadway arriba siempre...

Cataratas de gentes que bajan y suben a los pozos insaciables del «subway». Tranvías de doce metros. El «elevado», zumbando a la altura de los primeros pisos —el «elevado» es lo menos elevado de New York—, y nuestro auto caracolea como un cohete por entre las columnas del «elevado»: nos mataremos de un momento a otro. Gases de etilo. Neumáticos de repuesto. Manzanas. Chocolate. Timbres. «Stop-Go». Vértigo. Calles como pozos. En el aire se escribe un ruido de máquinas remachadoras y se remacha un ruido de máquinas de escribir. Limpiabotas negros; criados filipinos; lavanderos chinos; floristas japoneses. Hombres colgados de las ventanas, limpiando cristales del piso 37. Whisky. Máquinas automáticas: *«Eche usted un níquel y saldrá un paquete de cigarrillos «Old Gold», un ejemplar del «New-Yorker», un «sandwich» de tomate o una corbata a rayas».* Aparatos de radio en tono brillante; más aparatos de radio en tono brillante: hoy canta Bing Crosby. ¿Quiere usted no oírle? Sólo hay un medio: váyase del país. Un tren atraviesa de pronto una calle. ¿No mata a nadie? Sí; todos los días mata ocho o diez personas; pero, pasando ese tren por en medio de la ciudad, las verduras llegan cinco minutos antes. Anuncios de restaurantes: *«Todo lo que quiera tomar por treinta centavos».* Anuncios de zapaterías: *«Entre y le pondremos tacos a sus zapatos mientras la dueña le divierte bailando».* Anuncios de cementerios: *«El cementerio mejor del Estado; música a todas horas; ambiente perfumado; si usted lo visita, se morirá contento».* Anuncios de tiendas de muebles: *«Muchachos: poned la novia, que nosotros pondremos lo demás».* Y también: *«Por buena que sea vuestra novia, no olvidéis que son mejores nuestros muebles».* Más anuncios: *«Grifos para calentar el agua»*. —*«Peines para cortar el pelo»*— —*«Agricultores: los mejores rifles para hacer que llueva deshaciendo las nubes a tiros»*— *«Tacos de billar automáticos; para ser campeón usted no necesita saber jugar»*. Anuncios de peluquerías para señoras: *«Ondulación, un dólar; teñido de pestañas, dos dólares; alargado de pestañas, treinta centavos por milímetro»*. Anuncios de institutos de belleza: *«¿Está usted harto de su nariz? Nosotros se la cambiaremos de aquí al jueves. Si la nariz nueva no le gusta, le pondremos otra vez la antigua»*. Anuncios de astrólogos: *«Por cuatro dólares sabrá usted el día y la hora de su muerte: garantizamos la puntualidad»*. Anuncios de tiendas de armas: *«Thompson, la mejor ametralladora para casos de huelga»*. Un auto blanco recorre las calles anunciando los Evangelios: es el alcaloide del anuncio.

Todo se compra; todo se vende. Platos y cubiertos de cartón para comer en el campo. Máquinas para combatir el insomnio. Barómetros con la indicación de la ropa que debe uno ponerse en el día: sweater, o gabardina, o impermeable, o abrigo; y los días de excesivo calor el barómetro indica: *«Salga usted en «maillot», llevando cincuenta dólares para multas»*, y en los días de invierno crudo, el barómetro ordena: *«Háganos caso; no pise hoy la calle»*. Aparatos para impresionar discos de gramófono: *«Cómprenos uno e impresione usted sus escenas familiares. ¿No ha pensado usted en el encanto de conservar para siempre en un disco gramofónico lo que usted y su esposa se dijeron en su noche de bodas?* Dentistas con procedimientos nuevos: *«Extraemos las muelas en medio de placeres deliciosos»*. Máquinas para saber, dos meses antes, si lo que va a nacer es niño o niña. Diarios de 60 páginas. Un puesto de helados en cada esquina. Botones con un imperdible para no tener que tomarse la molestia de coserlos. Zapatos con resortes para andar sin tener necesidad de echar el paso. Plumas estilográficas con tinta para un año. Agencias que nos buscan novia, nos casan y nos divorcian en el mismo día. Sombreros para evitar los atropellos, provistos de un espejo que permite ver lo que viene por detrás, gracias a lo cual todos los golpes se los dan a uno por delante. Gritos; voces; *claxons*; vendedores ambulantes de acciones de minas que no existen; leche condensada; jugo de frutas; *sandwichs* de pollo; dentífrico «Kolynos», *ice creams*.

Y sacamuelas, rodeados de una turba de embobados oyentes, en todas las esquinas...

Y gentes que vaguean tomando el sol, apoyadas en todas las fachadas...

Y chóferes que regañan unos con otros y que se amenazan con bajarse del coche y darse en la cabeza con la manivela de la puesta en marcha...

Nueva York...

En torno al texto

— Describe la calle más característica de tu ciudad en el estilo de Jardiel.

75/20,–